Bibliografische Informationen Der Deutschen Bibliothek

Die Deutsche Bibliothek verzeichnet diese Publikation in der Deutschen Nationalbibliografie; detaillierte bibliografische Daten sind im Internet über http://dnb.ddb.de abrufbar.

Impressum:

© 2003 Karoi-Verlag · Bielefeld
2., verbesserte Auflage
Text, Abbildungen,
Satz und Layout: Dr. Stefan Balke
Coverbild: Helga Zumholte
Printed in Germany by Books on Demand, Norderstedt

ISBN 3- 925863-21-4

INHALTSVERZEICHNIS

VORWORT ZUR ZWEITEN AUFLAGE   3

1. DIE VORÜBERLEGUNGEN   6
Einstellungen und Verhalten   14

2. DAS PROBLEMFELD   16
2.1 Lehrerwünsche an das Sozialverhalten
    der Schüler   16
2.2 Was Lehrer beklagen   19
2.3 Folgen von Unterrichtsstörungen   23
2.4 Lernen trotz Unterrichtsstörungen?   26
2.5 Unterrichtsfluss: stop and go versus flow   27
2.6 Selbstkontrolle und emotionale Intelligenz   28
2.7 Belastungen der Lehrer   30
2.8 Politische Forderungen   31
2.9 Zusammenfassung   33

3. DAS TRAININGSRAUM-PROGRAMM   35
3.1 Allgemeine Ziele   37
    Gemeinsames Ziel des Kollegiums festlegen   37
    Gegenseitiger Respekt und
    demokratisches Grundverständnis   38
3.2 Pädagogische Prinzipien   38
    Disziplin   40
    Gruppenfähigkeit/Fairness   44
    Verantwortung   44
    Strafe versus Pflicht   48
    Gerechtigkeit   52
    Gerechtigkeitsprobleme   54
    Lehrer als Vorbild im Sozialverhalten   57
    Vertrauen   63

3.3 Die Bestandteile und Abläufe
der Programmdurchführung 65
Gedankliche Vorbereitung der Lehrer 66
Der Trainingsraum 73
Das Team der Trainingsraumlehrer 74
Elterninformationen und Elternmitwirkung 75
Die Einführung der Regeln in der Klasse 78
Ausdrückliche Ermahnung, Unterrichtsziel und
Unterrichtsfluss 81
Ermahnungsprotokoll 87
Die Entscheidung des Schülers:
Einlenken oder Nicht-Einlenken 88
Was tun, wenn der Schüler nicht
in den Trainingsraum gehen würde? 90
Infozettel und Rückkehrplan 92
Die Regeln im Trainingsraum 103
Die Rückkehr in die Klasse 107
Die Besprechung des Rückkehrplans
und die Vereinbarung 108
Durchführung von Beratungsgesprächen 111
3.4 Überprüfung 114
Evaluation durch den Programmbeirat 114
3.5 Das Verfahren: Intensivkurs Verantwortung 119

4. DIE ERGEBNISSE UND ERFAHRUNGEN 121

5. DIE MATERIALIEN 123

6. ZUSAMMENFASSUNG UND AUSBLICK 124

Literatur 128

VORWORT ZUR ZWEITEN AUFLAGE

Liebe Leserin, lieber Leser,

in der Zeit nach "PISA" und "Erfurt" werden Bildung und Erziehung in Schule und Elternhaus stark hinterfragt. Beide Ereignisse weisen zwar keinen direkten kausalen Bezug auf, sie machen aber aus verschiedenen Perspektiven deutlich, dass Bildung und Erziehung nur zusammen gelingen können. Die Vermittlung von sozialen Werten ist die Grundlage für ein produktives Schulleben und die Bewältigung von individuellen Problemen. Das Trainingsraum-Programm schafft bei sachgerechter Anwendung einen tragfähigen Rahmen für diese Wertevermittlung.

In diesem Buch wird das Trainingsraum-Programm in seinen Ideen und der Durchführung beschrieben. Dadurch soll für neu-interessierte und bereits erfahrene Programmbenutzer ein grundlegendes Wissen über das Programm zugänglich gemacht werden, mit dem Ziel einen Standard für die Arbeit mit dem Trainingsraum-Programm sicherzustellen. Das Buch ist im Vergleich zur ersten Auflage gekürzt. Es fehlen einige Argumente und Beiträge, die für das Programm werben sollten. Die große Anzahl der Schulen, die das Programm mittlerweile durchführen, hat mich davon überzeugt, dass übermäßig lange Begründungen zur Notwendigkeit der Durchführung nicht mehr gefragt sind und eine kürzere Fassung im Sinne des Lesers ist. Weiterhin sind in der zweiten Auflage wichtige Verbesserungen und Ergänzungen enthalten.

Was macht die Wirksamkeit des Trainingsraum-Programms aus? Der Aufbau des Programms entspricht einer Abbildung der menschlichen Verhaltensorganisation. Diese Entspre-

4

chung führt zu einer Reihe von positiven Effekten. Innere
Konflikte der Lehrer werden im Vorfeld geklärt. Man verzich-
tet in der Klasse auf emotionale Aufschaukellungen und
endlose Diskussionen. Man schafft durch eine neue Struktur
und ein ritualisiertes Vorgehen einen verlässlichen Rahmen,
der Schülern, Lehrern und Eltern eine beruhigende Orientierung gibt. Weitere Gründe sind die Orientierung auf gegenseitige Hilfe der Lehrer, Verantwortlichkeit und ein vertieftes
Verständnis von Disziplin und Gerechtigkeit.

Eine Vorbemerkung möchte ich zum Sprachgebrauch machen: Selbstverständlich sind auch dort, wo der Kürze wegen
nur das generische Geschlecht (z.B. Lehrer, Schüler) genannt
wird, immer beide Geschlechter gemeint.

Danksagung

Dieses Buch wäre nicht entstanden, ohne die Mithilfe vieler
Beteiligter. Ich danke allen, die mich bei dem Buch unterstützt haben. Ganz zu erst nenne ich meinen Verleger Reiner
Bornemann, der mich beständig zur Weiterarbeit an diesem
Buch motiviert hat, William T. Powers, der Gründer und
geistige Vater der Control Systems Group (csg - im Internet
unter *www.ed.uiuc.edu/csg/index.html*), Richard S. Marken,
der ein beharrlicher und kenntnisreicher Lehrer ist und Ed-
ward E. Ford, der dieses Programm in seiner ursprünglichen
amerikanischen Form entwickelt hat und mich sehr bei der
Einführung unterstützt hat. Weiterhin bin ich den Lehrerinnen und Lehrern zu großem Dank verpflichtet, die ihrer-
seits die Einführung des Programms überhaupt ermöglicht
haben. Ich möchte hier die Lehrer der Lutherschule in Bielefeld nennen, insbesondere das Team der Trainingsraum-Le-
hrer: André Hogenkamp, der Projektleiter des Trainings-

raums, Heike Frohloff, Reinhard Schulz, Christine Mertens, Helga Wiemer und die Schulleitung: Heinz-Erich Husemann und Monika Wagemann, die zuerst die Courage hatten, das Programm auszuprobieren. Im Laufe der Zeit haben sich so viele fruchtbare Kontakte zu engagierten Lehrer an vielen Schulen ergeben, dass ich davor scheue, einzelne Namen zu nennen, da ich dann alle nennen müsste und dies den Rahmen sprengen würde: ich möchte mich bei allen beteiligten Lehrerinnen und Lehrern bedanken für ihre Anregungen und Beiträge zu dem Buch. In Deutschland arbeiten nunmehr bereits etwa 100 Schulen mit dem Trainingsraum oder verwandten Formen, wie z.B. "Trainingsinsel", "Arizona-Programm", "Nachdenkraum", "RvD-Raum" oder "Ford-Programm". Und auch in benachbarten Ländern gibt es zunehmend Schulen, die das Programm anwenden. Unter *www.trainingsraum.de* sind einige Schulen zu finden.

1. DIE VORÜBERLEGUNGEN

Als Basis für die Verankerung einer sinnvollen Programmdurchführung möchte ich einige Überlegungen von William T. Powers zur Natur des menschlichen Verhaltens darstellen:

> Ein wesentliches Organisationsprinzip menschlichen Verhaltens ist die Zielgerichtetheit des Verhaltens: man verhält sich so, dass man seinem Ziel näher kommt. Die Wirkung anderer Faktoren, die vom Ziel wegführen, wird, so weit es geht, ausgeglichen. Verhalten ist immer darauf ausgerichtet eine wahrgenommene Abweichung von der Zielerreichung auszugleichen. Die Zielstrebigkeit des Verhaltens ist für den Beobachter nicht immer erkennbar, da der Beobachter nur die Handlung (das Verhalten) sieht und nicht weiß, welches Ziel der Handelnde verfolgt. Das Ziel liegt im Organismus des Handelnden und wird von diesem erzeugt. Der Beobachter kann allenfalls Vermutungen über das Ziel des Beobachteten anstellen. Der Handelnde selbst ist sich häufig, aber nicht immer und nicht notwendigerweise seiner Ziele bewußt. Der Handelnde erzeugt von ihm erwünschte Wahrnehmungen.

Diese zunächst sehr allgemeine Beschreibung des menschlichen Verhaltens kann auf alle möglichen Einzelbeispiele des täglichen Lebens angewendet werden. Es ist dazu nur nötig die Elemente des Kreislaufs von Wahrnehmung, Denken und Handeln bestimmen. Diese lassen sich wie folgt beschreiben:

Variable Größen - alles was sich ändern kann

Der Mensch befindet sich in einer Umwelt, in der sich so ziemlich alles in gewissen Bereichen ständig verändert. Denken Sie z.b. an die eigene Wachheit, das Hungergefühl, eine Temperatur in der Umgebung, das Wetter, Zeitabstände, Nähe oder Distanz zu Sachen oder Personen, der Zustand von Sachen oder Maschinen, Informationen, die Laune eines Partners, soziale Beziehungen, das Sozialverhalten eines Schülers, usw. Trotz dieser ständigen Schwankungen in seinem inneren und äußeren Milieu ist der Mensch darauf angewiesen, einige Faktoren konstant zu halten oder selbstständig verändern zu können. Dies können physiologische Faktoren wie der Blutzuckerspiegel oder der Sauerstoffgehalt im Blut sein, aber auch psychologische Faktoren wie die aktuell empfundene Sicherheit, das Selbstwertgefühl und die soziale Position in der Gruppe. Ohne eine derartige aktive Steuerungsfähigkeit könnte kein Mensch überleben, da er schädigende innere und äußere Einflüsse nicht ausgleichen könnte.

Auswahl eines optimalen Bereichs - was man gerne möchte

Zunächst nimmt man wahr, dass eine Sache oder eine Gegebenheit sich überhaupt verändern kann, d.h. variabel ist. Immer dann, wenn diese Variable aus übergeordneten Gründen von Bedeutung ist, wählt man für diese Variable aus der Bandbreite von möglichen Zuständen, in der sich die Variable befinden kann, einen optimalen Bereich oder einen besten Zustand aus. Der optimale Bereich wird so ausgewählt, dass er möglichst gut zu den bereits bestehenden Überzeugungen, Gewohnheiten und Kategorien der Person passt.

8

Beispiel: Der Handelnde ist ein Lehrer. Als Variable betrachten wir das Sozialverhalten eines Schülers aus seiner Klasse. Die Bandbreite des Schülersozialverhaltens geht von rücksichtslos, egoistisch, zerstörerisch bis zu aufopfernd und selbstlos. Der Lehrer wählt aus seiner Sicht als optimalen Bereich des Schülersozialverhaltens aus: **der Schüler soll hilfsbereit, engagiert und konstruktiv sein.** Diese Auswahl des erwünschten Bereichs passt zu den pädagogischen Überzeugungen des Lehrers. Er kann die Auswahl mit oder ohne bewusstem Zutun durchführen.

Erzeugung des optimalen Bereichs - der Versuch, das Ziel zu erreichen

Dann versucht man, wenn dies aus übergeordneten Gründen von Bedeutung ist, eine Wahrnehmung zu erzeugen, die mit diesem optimalen Bereich oder Zustand übereinstimmt. Dazu wirkt man in vermutlich geeigneter Weise auf sich und die Umwelt ein. "Vermutlich geeignet" deshalb, weil niemand in die Zukunft sehen und genau wissen kann, ob er die richtige Lösung kennt. Welche Maßnahme "vermutlich geeignet" ist, wird man aufgrund eigener Vorüberlegungen, Vorerfahrungen sowie der Beobachtung und dem Studium von erfolgreichen Vorbildern ableiten.

Beispiel: Der Lehrer verhält sich einfühlsam, er tadelt nichthilfsbereites Schülerverhalten und lobt Hilfsbereitschaft mit der Absicht, dass dies den Schüler davon überzeugt, dass Hilfsbereitschaft nachahmenswert ist. Der Lehrer hält dies für den vermutlich geeignetsten Weg, da es für ihn so am meisten Sinn ergibt. Diese Art des Umgangs passt zu ihm. Er hat damit bislang immer noch die besten Erfahrungen gemacht.

Außerdem hört er auch von seinen befreundeten Kollegen, dass diese Methode die Beste sei.

Ausgleich von Störungen -
was man macht, wenn etwas dazwischen kommt

Wenn Einflüsse wahrgenommen werden, die es erschweren oder verhindern, dass man den erwünschten Bereich erzeugen kann, dann versucht man durch geeignete Maßnahmen den Einfluss dieser Störungen auszugleichen.

Beispiel: Der Lehrer erkennt in einer Situation in der Klasse, obgleich er selbst ein normal-gutes Sozialverhalten vorlebt, eine besondere Rücksichtslosigkeit des Schülers. Der Lehrer versucht nun die von ihm eigentlich erwünschte Wahrnehmung vom Sozialverhalten des Schülers - der Schüler sollte hilfsbereit, engagiert und konstruktiv sein - dadurch zu erzeugen, dass er in einem Einzelgespräch versucht, dem Schüler die Einsicht zu vermitteln, dass Rücksichtslosigkeit aus vielerlei Gründen nicht akzeptabel ist. Der Lehrer erhofft, dass der Schüler aufgrund dieser Einflussnahme sein Sozialverhalten für möglichst lange Zeit so ändert, dass es dem entspricht, wie der Lehrer es wahrnehmen möchte. Er versucht die besondere Rücksichtslosigkeit des Schülers durch eine besondere Anstrengung seinerseits auszugleichen.

Verhältnis von Störung und Steuerungsfähigkeit -
einige Störungen sind zu groß

Menschliches Verhalten ist zielstrebig. In dem Beispiel verfolgt der Lehrer das Ziel: das Sozialverhalten des Schülers soll hilfsbereit, engagiert und konstruktiv sein. Allerdings werden Ziele nicht immer erreicht. Wenn der Einfluss der

Störung größer ist als die Möglichkeit dagegenzuhandeln, dann wird das Ziel verfehlt, was über kurz oder lang zu Zieländerungen auf einer übergeordneten, allgemeineren Ebene führt.

Beispiel: Der Einfluss der Freunde auf das Sozialverhalten des Schülers und dessen eigene Überzeugung sind so stark, dass der Einfluss des Lehrers auch im Einzelgespräch nicht ausreicht, um den Schüler ernsthaft zu überzeugen. Der Lehrer ändert nach längerer Zeit des Bemühens sein Meinung über die Machbarkeit von Verhaltensänderungen bei Schülern. Dies hat Auswirkungen auf seine Bereitschaft, sich für gutes Sozialverhalten einzusetzen. Die zentrale Frage ist, ob der Lehrer sich einen anderen Weg, z.b. durch eine andere Methode, suchen wird, um gutes Sozialverhalten zu fördern oder ob er sich Stück für Stück von dem Thema verabschiedet. Dies wird von seiner grundsätzlichen Überzeugung abhängen, die seine konkrete Bereitschaft steuert.

Ziele auf unterschiedlichen Ebenen

Mit dem Begriff Ziel werden Überzeugungen, Einstellungen, Wünsche und konkrete Absichten bezeichnet. Allgemeine Ziele (Überzeugungen und Einstellungen) sind sehr stabil und legen konkretere Ziele fest. Je konkreter ein Ziel ist, desto leichter kann es verändert werden. Ein untergeordnetes Ziel wird dann verändert, wenn es zur Erreichung eines allgemeineren, übergeordneten Ziels notwendig ist. Ziele werden ausgewählt und gegen Störungen verteidigt auf folgenden Ebenen:

Ebene	Beschreibung mit Beispiel
Intensität	Ausmaß einer Reizempfindung, variiert von schwach bis stark
Sensation	Qualität einer Reizempfindung, z.b. eine Berührung, ein Ton, eine Farbe, ein Geschmack, ein Geruch.
Muster	eine Zusammensetzung von Sensationen, z.b. ein Gegenstand, ein Wort, ein Gesicht, ein Gericht.
fließender Übergang	eine Veränderung von Mustern, z.b. Bewegungen.
Ereignis	eine feste Abfolge von Mustern und Bewegungen, z.b. eine Schulstunde, ein Torschuss.
Zusammenhang	Beziehung zwischen zwei Ereignissen, z.b. Hund jagt Katze, Dominik ärgert Pascal.
Kategorie	feste Klassenmitgliedschaft aufgrund von Ähnlichkeiten, z.b. nützlicher Gegenstand, was mir gehört, guter Lehrer.
Reihenfolge	feste Abfolge von Ereignissen, z.b. Wortfolgen, Melodie, Tür öffnen, dann hindurchgehen.
Programm	ein Netzwerk von Reihenfolgen mit Entscheidungspunkten, z.b. zur Schule gehen, in der Schule aufpassen, Schulaufgaben machen, erziehen, unterrichten.
Prinzip	Auswahl und Bewertung von Programmen aufgrund von Erfahrung und Vorbildern, z.b. welchen Schulweg gehe ich - den schnelleren oder den sicheren? Welcher Erziehungsstil ist der beste? Laissez faire, autoritär oder standfeste Liebe? Bin ich gerecht oder parteiisch?
Grundüberzeugung	Konstellation von Prinzipien, z.b. egoistische, wissenschaftliche, moralische oder religiöse Ausrichtung der Prinzipien.

Die Wahrnehmungskontrolltheorie
und das Trainingsraum-Programm

Der Mensch kontrolliert die Zielerreichung auf diesen verschiedenen Ebenen mit Hilfe der Wahrnehmung und handelt so, dass der erwünschte Zustand auf den verschiedenen Ebenen erzeugt wird, möglichst bestehen bleibt oder wiederhergestellt wird. Diese Theorie wurde von William T. Powers Wahrnehmungskontrolltheorie (Perceptual Control Theory) genannt. Einen einführenden Text können Sie im Internet unter *www.trainingsraum.de* finden.

Die Idee und die Stärke des Trainingsraum-Programms besteht darin, im Einklang mit diesen menschlichen Organisationsprinzipien zu stehen. Die vorhandene Zielstrebigkeit der Lehrer, Schüler und Eltern wird berücksichtigt und ausgenutzt. Dies geschieht regelmäßig immer an den feststehenden Entscheidungspunkten des Programms, z.B. dann, wenn ein Schüler durch die ausdrückliche Ermahnung des Lehrers aufgefordert wird sich zu entscheiden, ob er in der Klasse oder im Trainingsraum sein möchte[1]. Die allermeisten unterrichtsstörenden Schüler wollen lieber in der Klasse sein als im Trainingsraum. Sie haben das eigene Ziel in der Klasse zu bleiben und sie verteidigen dieses Ziel. Sie lassen sich einiges einfallen, um in der Klasse zu bleiben oder um schnell wieder hineinzukommen. Auch an einem zweiten wichtigen Entscheidungspunkt wird die Zielstrebigkeit der Schüler nutzbar gemacht: wenn ein Schüler im Trainingsraum gestört hat, dann wird er einmal ausdrücklich ermahnt. Wenn er danach erneut stört, muss er sich entscheiden, ob er nach Hause gehen will oder die Störung einstellt. Die Schüler entscheiden sich fast alle dafür im Trainingsraum zu bleiben, da sie sonst nur mit einem Elternteil und einem klärenden Gespräch zurück in die Schule kommen dürfen. Da gerade die störenden Schüler das Ziel haben, ihre Angelegenheiten

---

[1] Die Entscheidungspunkte des Programms sind in der Abbildung auf Seite 84 kursiv gekennzeichnet und im Überblick zu sehen.

in der Schule ohne ihre Eltern zu regeln, sind sie bereit sich für den Rest der Stunde im Trainingsraum an die Regeln zu halten.

Auch die Zielstrebigkeit und Überzeugung der Lehrer wird ausgenutzt. Wenn ein Lehrer das für ihn wichtige Ziel hat, seinen Unterricht im Sinne einer guten Lernatmosphäre und interessanten Unterrichts möglichst störungsfrei durchzuführen, dann bekommt er durch die Durchführung des Trainingsraum-Programms wirkungsvolle Handlungsmöglichkeiten, um sein Ziel durchzusetzen. Und last but not least werden auch die berechtigten Ziele der Eltern geschützt. Sehr viele Eltern wollen einerseits frühe Informationen und Zusammenarbeit in dem Bereich der schulischen Erziehungsmaßnahmen und weiterhin die Gewissheit, dass ihre Kinder in der Klasse gut aufgehoben sind, gerecht behandelt werden und wirklich etwas lernen können[2]. Dazu ist es für die Eltern wichtig zu wissen, dass der Lehrer den Wunsch und die Möglichkeit hat, die Klasse gut zu führen, auch wenn es dort erziehungsschwierige Schüler gibt. Dabei ist es letztlich egal, ob die Eltern befürchten, dass ihr eigenes Kind zu den erziehungsschwierigen Schülern gehört oder nicht. Sie wollen in (fast) jedem Fall, dass der Lehrer es schafft, dem eigenen Kind Lernfreude zu vermitteln, zu erhalten und zu steigern.

Zielstrebigkeit kann aber auch zum Problem für den Betroffenen und/oder die Menschen in ihrer Umwelt werden, wenn nämlich eine Veränderung oder Anpassung (aus der Sicht der Betrachter) die bessere Alternative wäre. Jeder Psychotherapeut kennt Klienten, die zu ihm kommen und sich wünschen von ihrem Problem befreit zu werden, ohne selbst irgend

---

[2] Leider gibt es auch eine Gruppe von Eltern, die keine Zusammenarbeit wünschen und die Haltung vertreten, dass die Schule allein zuständig sei (vgl. S. 111f, Durchführung von Beratungsgesprächen).

etwas ändern zu müssen nach dem Motto "Wasch mir den Pelz, aber mach mich nicht nass". Dies kann nicht funktionieren, denn eine erfolgreiche Therapie setzt immer die Bereitschaft des Klienten voraus, eigene Ziele und Einstellungen in Frage zu stellen und offen zu sein für neue, unbekannte Erfahrungen. Mir ist stets die Hartnäckigkeit aufgefallen, mit der Klienten auch an solchen Einstellungen festgehalten haben, die aus der Außensicht ganz offensichtlich zu einer Problemfortsetzung beitragen. Diese Beharrlichkeit zeigt, dass Menschen bei ihren Zielen und Einstellungen bleiben, auch wenn sie dafür manchmal einen hohen Preis bezahlen müssen. Niemand ist frei, Einstellungen und Überzeugungen, die ihm wichtig sind, ohne höheren Grund zu ändern. Das gilt auch für die Situation der häufig störenden Schüler in der Klasse. Daher darf nicht vergessen werden, diesen höheren Grund mit zuliefern, wenn man Verhaltensänderungen bei anderen bewirken möchte. Allerdings wird im Trainingsraum keine Therapie durchgeführt. Es werden lediglich Grenzen gesetzt, Fragen gestellt, Gespräche geführt und Absprachen eingefordert.

Einstellungen und Verhalten

Wenn der Schüler in der Klasse darauf beharrt, sein "Späßchen zu treiben", der Lehrer aber lieber Ruhe für den Unterricht haben möchte, dann geht es eigentlich darum: der Lehrer verlangt von dem Schüler, dass dieser nicht nur sein Verhalten, sondern besser seine Einstellung ändern soll. Der Schüler soll seine Einstellung zur Klasse, zum Lehrer, zu Disziplin, Fairness und zur Mitarbeit ändern. Das ist es letztlich was der Lehrer vom Schüler verlangt, wenn er einen häufig störenden Schüler bittet, einzulenken. Der Lehrer möchte nicht nur, dass der Schüler in dieser einen Situation die Störung einstellt, sondern er soll generell begreifen und dazu bereit sein, nicht immer wieder zu stören.

Wir beschäftigen uns also vordergründig mit einem Problem der Verhaltensänderung, im wesentlichen jedoch mit einem Problem der Veränderung der Einstellung zu dem fraglichen Verhalten. Wenn der Schüler eine andere Einstellung zu Fairness, prosozialem Verhalten und zu seinem Störverhalten erreichen würde, dann würde er freiwillig und andauernd erheblich weniger stören und darauf verzichten, immer wieder den Unterricht lahmzulegen. Es stellt sich daher die zentrale Frage, wie kann der Lehrer es schaffen, die Einstellung des Schülers zu seinem Störverhalten zu ändern.

Eins ist klar, der Lehrer schafft dies nicht ohne den Wunsch des Schülers und nicht ohne selbst ein gutes Vorbild für das zu sein, was er von dem Schüler verlangt. Eine gute Beziehung zum Schüler ist ebenfalls sehr hilfreich, wenngleich nicht immer ausreichend und nicht einseitig herstellbar.

Die tiefgreifende Botschaft der Wahrnehmungskontrolltheorie besteht in der Erkenntnis, dass jeder Mensch seine eigenen Ziele verfolgt und gegen Störungen verteidigt. Daher kann im Konfliktfall nur der Ausweg gesucht werden, im Handel einen Ausgleich zu suchen, bei dem alle Parteien gewinnen. Sonst wird der Konflikt nicht gelöst und eskaliert früher oder später. Toleranz und Respekt vor dem Anderen sind die Grundbedingungen für einen Ausgleich der Interessen. Diese Idee des Handels wird weiter unten im Disziplin-Handel konkretisiert (S. 42f).

2. DAS PROBLEMFELD

Das Trainingsraum-Programm ist entstanden als Antwort auf Fragen, die in einem schulischen und gesellschaftlichen Problemfeld ihren Ursprung haben. Dieses Problemfeld soll im folgenden in einigen Bereichen beschrieben werden.

2.1 Lehrerwünsche an das Sozialverhalten der Schüler

In der Einführung (S. 7) hieß es, dass man für persönlich bedeutsame Variablen *einen optimalen Bereich oder einen besten Zustand auswählt*. Ich wollte wissen, welchen optimalen Bereich Lehrer üblicherweise für die Variablen eigene pädagogische Ziele und erwünschtes Schülerverhalten auswählen.

Pädagogische Ziele

Ich bat Lehrer aufzuschreiben, welches ihr wichtigstes allgemeines pädagogisches Ziel sei. Die Mehrheit der Lehrer nannte als wichtigstes pädagogisches Ziel **eigenständiges Lernen**. Hiermit wurden Nennungen wie Eigenverantwortung, Selbständigkeit, selbstständiges Lernen oder Arbeiten, Lebenstüchtigkeit, Mündigkeit und Selbstmanagement zusammengefasst. Die zweitgrößte Gruppe nannte **soziales Lernen** als wichtigstes pädagogisches Ziel. Unter dieser Kategorie wurden Nennungen wie Kooperation, soziales Verhalten, soziale Kompetenz, Zusammenarbeit und soziales Miteinander zusammengefasst. Ein dritter Schwerpunkt ergab sich mit der Kategorie **Wissensvermittlung**. Unter dieser Kategorie wurden Nennungen wie Stoffvermittlung und Lernziel erreichen zusammengefasst.

Wünschenswertes Verhalten

Ich fragte Lehrer was sie als positives, wünschenswertes Verhalten der Schülerinnen und Schüler ansehen würden. Die Antworten lassen sich folgenden inhaltlichen Schwerpunkten zuordnen: Vorbereitung, Form/ Ordnung/Disziplin, Interesse/Konzentration/Ausdauer, Sozialverhalten.

Gute Vorbereitung
Der Schüler/die Schülerin...
   macht die Hausaufgaben regelmäßig und gut.
   hat die Arbeitsmaterialien vollständig dabei.
   hat die Unterrichtssachen bereit liegen.

Einhalten von Form/Ordnung/Disziplin
Der Schüler/die Schülerin...
   sitzt in ruhiger Arbeitshaltung.
   meldet sich, ruft nicht in die Klasse.
   spricht, wenn er/sie daran genommen wird.
   lenkt Mitschüler nicht ab.
   stört nicht.
   fragt, ob er/sie aufstehen kann.
   hält sich an die in der Klasse geltenden Regeln.
   unterbricht nicht.
   folgt den Anordnung des Lehrers (z.B. Buch, Heft öffnen usw.) ohne zu meckern.
   führt das Heft ordentlich.
   ist pünktlich.

Interesse/Konzentration/Ausdauer
Der Schüler/die Schülerin...
   hört aufmerksam zu.

folgt dem Unterricht konzentriert.

arbeitet konzentriert am Stoff.

achtet auf Beiträge andere.

weiß, worum es im Unterricht geht.

arbeitet selbständig.

hat Spaß an der Thematik.

bringt eigene, zur Sache gehörende Gedanken ein.

fragt nach, wenn er etwas nicht verstanden hat.

fragt nach, wenn er etwas wissen möchte.

zeigt ausdauerndes Verhalten.

ist mit Mimik und Gestik beteiligt.

zeigt spontane Einwürfe.

sieht Fehler ein und korrigiert sich.

zieht Verbindung zu ähnlichen Inhalten.

zeigt eigenes weiterführendes Denken.

geht in eigenen Beiträgen auf vorangegangenen Äußerungen ein.

beschäftigt sich nicht mit unterrichtsfremden Dingen

Gutes Sozialverhalten

Der Schüler/die Schülerin...

lässt seine Mitschüler ausreden.

achtet auf Ratschläge des Lehrers und seiner Mitschüler.

gibt in der Arbeitsgruppe Impulse.

zeigt Bereitschaft zu kooperativem Verhalten.

denkt mit.

ist höflich und hilfsbereit.

setzt sich für die Klasse und die Mitschüler ein.

verständigt sich leise mit den Sitznachbarn bei Partnerarbeit.

kann Niederlagen einstecken.

sitzt so, dass er die gerade Sprechenden anschaut.

beschwert sich, wenn er das Gefühl hat, zu sehr abgelenkt zu werden.

übt positive und negative Kritik.

sieht Fehler ein und korrigiert sich.

versucht, sich von negativ auffallenden Schülern abzusetzen.

ist fähig zur Einzel-, Partner- und Gruppenarbeit.

lenkt Mitschüler nicht ab.

bringt keine selbstdarstellenden Zwischenrufe.

pflegt Umgangston und Manieren.

akzeptiert eine gewisse Arbeitsunruhe.

vertritt mit ruhiger Stimme seine/ihre Meinung.

Die Ergebnisse der Befragung zeigen deutlich, dass die Lehrer in der Tat eine sehr differenzierte Vorstellung davon haben, wie gutes Schülerverhalten aussehen soll. Außerdem fällt auf, dass große Ähnlichkeiten in den Vorstellungen der verschiedenen Lehrer bestehen.

2.2 Was Lehrer beklagen

In der Einführung wurde bereits die Bedeutung *störender Einflüsse* benannt: der Einfluss störender Ereignisse wird durch eigenes Verhalten ausgeglichen.

Ich wollte von Lehrern wissen, welches Verhalten der Schüler sie als unterrichtsstörend empfinden. Zu der offenen Frage ergaben sich viele Antworten, die sich folgenden inhaltlichen Schwerpunkten zuordnen lassen: Ablenken, Unruhe, aggressives oder dominantes Verhalten, Ärgern, kaputtmachen von Sachen, unsoziales Verhalten, Desinteresse, Mitarbeit verzögern oder verweigern, Uneinsichtigkeit.

Ablenken

Der Schüler/die Schülerin...

stört die Gruppenarbeit.

ruft einfach in die Klasse.

äußert sich unqualifiziert.

bringt ständig sogenannte "witzige" Beiträge.

spricht laut mit seinen Nachbarn.

hält andere durch Zurufe von der Arbeit ab.

stellt Fragen, die nicht zum Thema gehören.

redet häufig mit Mitschülern über Themen, die nicht zum Unterricht gehören.

führt permanente Seitengespräche.

lehnt sich zu Mitschülern, um zu sehen, mit wem er Blickkontakt aufnehmen kann.

macht Gebärdensprache zu diesen Mitschülern.

wirft etwas durch die Klasse.

macht unmotivierte Geräusche.

klappert mit den Füßen oder mit Gegenständen.

reagiert auf andere Störungen.

steht ohne Erlaubnis auf.

verlässt ständig den Platz.

läuft ohne zu fragen durch die Klasse.

läuft zum Fenster, zur Tafel oder zum Waschbecken.

will ständig zur Toilette.

kommt zu spät zum Unterricht.

Unruhe

Der Schüler/die Schülerin...

schaukelt auf seinem Stuhl hin und her.

spielt mit Stiften und ähnlichem.

hantiert mit Gegenständen.

räumt in der Tasche herum.

ist unkonzentriert.

Aggressives oder dominantes Verhalten, ärgern
Der Schüler/die Schülerin...
  provoziert.
  setzt sich in Szene.
  fällt durch mangelnde Selbstkontrolle auf.
  lacht aus, beschimpft, schlägt oder bedroht schwächere
  Schüler.
  beschimpft Lehrer.
  verhält sich aggressiv gegenüber Lehrern.
  untergräbt die Autorität des Lehrers.
  nimmt Mitschülern Materialien, Gegenstände weg.
  macht ständig provozierende Äußerungen.
  bedroht andere.
  beleidigt andere.
  verletzt körperlich.
  greift tätlich an.
  ärgert andere.

Kaputtmachen von Sachen
Der Schüler/die Schülerin...
  zerstört mutwillig seine Arbeitsmaterialien.
  nimmt anderen Schülern Gegenstände weg und beschädigt
  diese.
  bekritzelt Bänke.

Unsoziales Verhalten
Der Schüler/die Schülerin...
  lässt andere nicht ausreden.
  drängelt sich vor.
  redet in der Muttersprache.
  schreit in die Klasse.
  macht Bemerkungen wie: "was für ein Scheiß".

22

stört den Unterricht durch ärgern und streiten.
petzt.
gibt unaufgefordert Ausreden.

Desinteresse
Der Schüler/die Schülerin...
ist unaufmerksam und hört nicht zu.
hört Musik über Kopfhörer.
beschäftigt sich mit unterrichtsfremden Dingen (liest, schreibt Briefchen, malt).
macht etwas unter der Bank, z.B. Zeitung lesen.
langweilt sich.
denkt nicht mit.
ist mit seinen Gedanken woanders.
beteiligt sich nicht am Unterrichtsgespräch.
fehlt unentschuldigt.

Verzögert, verweigert Mitarbeit
Der Schüler/die Schülerin...
verweigert Leistungen.
verweigert Mitarbeit.
verzögert das Auspacken der Materialien.
hat keine Materialien.
hat keine Hausaufgaben.
nimmt nicht am Unterricht teil.
benötigt eine "Extra-Einladung", ehe er mit schriftlichen Aufgaben beginnt.
diskutiert über ihm übertragene Arbeiten.

Keine Einsicht
Der Schüler/die Schülerin...

reagiert auf Ermahnungen nicht, ändert sein Verhalten nicht.

ist nicht fähig zur Partner/Gruppenarbeit.

sieht nur sich selbst ohne Rücksichtnahme auf andere.

macht nur das, worauf er momentan Lust hat.

stellt ständig Sinn und Zweck von Aufgaben in Frage.

lügt, erfindet Ausreden.

steht nicht für sein negatives Verhalten ein.

zeigt keine Einsicht bei störendem Verhalten.

hält sich nicht an Absprachen.

beharrt auf falschen Einsichten/Ansichten.

streitet schlechtes Verhalten ab, spielt "Unschuldslamm".

vertritt die Ansicht, dass man die Schulzeit irgendwie abwarten/ absitzen muss.

Die Vielzahl der Nennungen zeigt, dass ein breites Spektrum von Unterrichtsstörungen bekannt ist. Diese Unterrichtsstörungen führen zu einer ganzen Reihe von beabsichtigten oder unbeabsichtigten Folgen.

2.3 Folgen von Unterrichtsstörungen

Ich befragte Lehrer danach, welche Folgen von Unterrichtsstörungen ihrer Meinung und Erfahrung nach bei Lehrern, lernbereiten Schülern und störenden Schülern zu beobachten sind. Die Antworten sind in Tabelle 1 in der Reihenfolge der Häufigkeit ihrer Nennungen dargestellt.

Tabelle 1: Häufige Folgen von Unterrichtsstörungen für Lehrer, lernbereite Schüler und häufig störende Schüler.

Folgen für ... **Lehrer**	**lernbereite** **Schüler**	**häufig störende** **Schüler**
1. Emotionale Probleme	**1. Motivationsprobleme**	**1. Soziale Probleme**
gute Laune leidet, gestresst, genervt, unzufrieden	Rückzug, schalten ab, verlieren Lust am Lernen	Ablehnung durch andere Schüler und Lehrer, Verhältnis ist konfliktgeladen und stressig
2. Probleme beim Unterrichten	**2. Probleme im Lern- und Leistungsbereich**	**2. Probleme im Lern- und Leistungsbereich**
Stoffpensum wird nicht erreicht, Zeitdruck, häufiges Wiederholen notwendig	keine Entfaltung des Lernpotentials möglich, Unterforderung, kommen selten dran	lernen wenig, begreifen nichts, bekommen schlechte Noten und schlechte Abschlüsse
3. Konzentrationsprobleme	**2. Verhaltensprobleme**	**3. Verhaltensprobleme**
Unterrichts- und Denkprozesse werden gestört, müssen roten Faden wiedersuchen	wehren sich gegen Störer, stören selbst, erlernen neg. Verhaltensweisen durch Vorbild	suchen Anerkennung über Problemverhalten nicht über Lernerfolge, spielen Clown, toller Typ
4. Gerechtigkeitsprobleme	**4. Emotionale Probleme**	**4. Machtkampf**
zu wenig Zeit für lernbereite Schüler	sind genervt, leiden unter Störungen, fühlen sich vernachlässigt	erleben Sieg, Gewinner eines Machtkampfs, können Unterricht kaputt machen, bekommen von Einigen dafür Anerkennung
	4. Konzentrationsprobleme	
	werden abgelenkt, werden in ihren Denkprozessen unterbrochen	

Die dort aufgezählten Folgen wurden auch in wissenschaftlichen Studien immer wieder festgestellt. Anfang der neunziger Jahre wurde die Schulkultur in Deutschland häufig untersucht. Ausgelöst wurde dieses Forschungsinteresse

durch eine Welle rechtsextremistisch motivierter Gewalt-
anschläge zumeist Jugendlicher oder junger Erwachsener, bei
denen die schulische Sozialisation offensichtlich nicht die
erzieherisch gewünschte Wirkung gezeigt hat.

In der Folge der Untersuchungen entstand eine wachsende
Zahl von Publikationen zum Thema "Gewalt an Schulen". Im
September 1996 veranstaltete der Sonderforschungsbereich
"Prävention und Intervention im Kindes- und Jugendalter" der
Universität Bielefeld eine interdisziplinäre Fachtagung zu
diesem Thema. Die dort zahlreich versammelten Experten
vertraten übereinstimmend und entgegen der in den Medien
häufig propagierten Meinung die Ansicht, dass die Schulen
nicht in erster Linie unter einer steigenden Gewaltbereit-
schaft oder Gewalttätigkeit ihrer Schüler leiden, sondern
vielmehr unter dem Problem der mangelhaften sozialen Umgangsformen eines Teils der Schüler.

Die Ergebnisse der Untersuchungen belegen, dass Gewalttä-
tigkeiten in deutschen Schulen nach wie vor Ausnahmeer-
scheinungen darstellen. Disziplinprobleme und Unterrichtsstörungen führen aber an sehr vielen Schulen zu einer deutlichen Beeinträchtigung des Klassen- und Schulklimas und zu
Lern- und Leistungseinbußen bei den Schülern und zu Burn-
out-Symptomen bei den Lehrern. Todt und Busch sowie
Krumm haben Übersichten über Studien zum Thema Gewalt
und Disziplinprobleme an deutschen Schulen erstellt.

Nachdem viele Kollegien sich lange Zeit das schwelende
Problem der häufigen Unterrichtsstörungen nicht insgesamt
eingestehen wollten, wird es mittlerweile nicht mehr als
eigenes Versagen angesehen, wenn es in Schulklassen zu
häufigen Unterrichtsstörungen kommt. Das es an sehr vielen
Schulen aller Schulformen Disziplinprobleme gibt, ist
nunmehr ein offenes Geheimnis. Die seit Jahren regelmäßig
durchgeführten repräsentativen Umfragen des Instituts für
Schulentwicklungsforschung der Universität Dortmund (vgl.

26

Kanders) zeigen, dass auch die Eltern dieses "Geheimnis" schon lange kennen. Bei der Beantwortung der Frage: "Gibt es Dinge, auf die heute in der Schule Ihrer Meinung nach zu wenig geachtet wird?" landen die Kategorien "Disziplin" und "gute Umgangsformen" regelmäßig auf den ersten Plätzen vor "Allgemeinwissen" u.a.

2.4 Lernen trotz Unterrichtsstörungen?

Die auftretenden Lernprobleme für lernbereite Schüler in unruhigen Klassen stimmen überein mit Ergebnissen der psychologischen Grundlagenforschung. In einem Übersichtsartikel zu Theorien zur Aufmerksamkeit beschreibt der Bielefelder Psychologieprofessor Otmar Neumann, dass akustische und visuelle Informationen auch dann semantisch verarbeitet werden, wenn man ihnen nicht aktiv (aufmerksam) folgt. Dies bedeutet für die Schule, dass ein Schüler in einer unruhigen Klasse nicht nur die für das Lernen relevanten Informationen verarbeitet, sondern darüber hinausgehend auch noch die Informationen, die von den störenden Schülern ausgehen. Die erhöhte Belastung durch die zusätzliche Verarbeitung der Störreize führt dazu, dass der Schüler nach einer gewissen Zeit die Aufmerksamkeit und Konzentration senkt, um eine Überlastung zu vermeiden. Der Schüler "schaltet ab" und zieht sich aus der aktiven Beteiligung am Unterricht zurück. Die dann niedrige Aufmerksamkeit führt regelmäßig zu Einbußen beim Lernen. Die Ergebnisse einer Studie von Ewert und Henneberger belegen empirisch, dass ein enger Zusammenhang zwischen der Höhe der Aufmerksamkeit und der Güte der Schulleistung besteht.

Es lässt sich somit aufgrund von Gesetzmäßigkeiten der Aufmerksamkeits- und Lernpsychologie feststellen, dass eine störungsfreie Klassenatmosphäre eine notwendige Vorbedingung dafür ist, den lernbereiten Schülern aufmerksames und konzentriertes Lernen überhaupt zu ermöglichen. Das dieses Ziel häufig nicht erreicht wird, zeigen nicht nur die oben erwähnten Befragungen zur Schulkultur, sondern auf einem physikalisch messbaren Niveau auch die Studie von Hecker zur Lärmbelastung in der Schule. Er kam zu dem Ergebnis, dass in einer achten Klasse an einem als durchschnittlich beschriebenen Schultag der empfohlene Lärmrichtwert im Mittel um etwa 10 dB überschritten wurde. Eine Erhöhung um 10 dB entspricht einer Verdoppelung der subjektiv empfundenen Lautheit.

2.5 Unterrichtsfluss: stop and go versus flow

In vielen Kollegien ist das Thema des schlechten Sozialverhaltens einer Gruppe von Schülern ein andauerndes Thema. Allerdings weiß niemand so genau, wie stark das Ausmaß der Belastung bei den eigenen Kollegen und Kolleginnen wirklich ist. Jeder kann streng genommen nur für seinen Unterricht sprechen. Um einen besseren Überblick zu ermöglichen, führte ich an einigen Schulen eine Befragung zum Ausmaß der Unterrichtsstörungen durch. Es zeigte sich jeweils im Mittelwert der Kollegien, dass etwa 50% der Unterrichtzeit einer durchschnittlichen Stunde ungestört verlief, etwa 30% der Stunde leicht gestört war durch Hintergrundgespräche und unterrichtsfremde Handlungen, etwa 20% der Stunde vergingen mit ernsthaften Störungen und Gegenmaßnahmen. Dieses Ergebnis ist nicht besonders erfreulich, lässt aber immerhin noch die Bewertung zu, dass in der Hälfte einer durchschnittlichen Stunde effektiver Unterricht möglich sei. Das tatsächliche Problem ist aber gravierender. Es besteht darin, dass die ungestörte Zeit nicht ungeteilt ist. Im Verlauf einer Stunde kommt es aufgrund des ständigen Wechsels zwischen Unterrichtszonen und Störungszonen zu einem regelrechten Lernstau mit einem **stop and go** Phänomen, der eine Vertiefung des Unterrichtsstoffs verunmöglicht. Wünschenswert ist aber, dass man den Stoff vertiefen kann und in einen **flow** Zustand kommt, bei dem man intensiv arbeitet, sich wohl fühlt und mit anstrengender Arbeit ein befriedigendes Ergebnis erreicht. Aus lern- und motivationspsychologischer Sicht gibt es keine bessere Alternative zum flow-Erleben, so wie Czikzentmihaly es ausführlich beschrieben hat. Daher muss der Lehrer sein besonderes Augenmerk auf die Aufrechterhaltung des Unterrichtsflusses richten.

2.6 Selbstkontrolle und emotionale Intelligenz

Eines der erstaunlichsten Ergebnisse psychologischer Forschung geht zurück auf ein Experiment, welches Walter Mischel, Psychologe an der Stanford Universität in den sechziger Jahren mit vier-jährigen Kindern durchgeführt hat. Die Kinder wurden vor die Wahl gestellt eine Belohnung (ein Marshmallow) direkt zu bekommen oder die doppelte Belohnung (zwei Marshmallows), wenn sie es schaffen würden solange zu warten, bis der Versuchsleiter zurückkommt. Zwölf bis vierzehn Jahre später wurden diese Kinder, nun Jugendliche und junge Erwachsene, erneut untersucht. Diesmal stand die Frage im Mittelpunkt, ob es Unterschiede im Sozialverhalten und der Leistung gibt zwischen denen, die als Kind abwarten konnten und denen die es nicht schafften. Das Ergebnis: diejenigen, die es im Alter von vier Jahren besser geschafft hatten zu warten, zeigten als Jugendliche größere soziale Kompetenzen, sie waren durchsetzungsfähig, selbstbewusst und in der Lage, Frustration auszuhalten. (Goleman, S. 110f). Weiterhin waren sie denen, die nicht warten konnten, auch in der Höhe ihrer akademischen Intelligenz deutlich überlegen. Die Fähigkeit abzuwarten und eine Belohnung aufzuschieben, erwies sich als bester Vorhersagemaßstab für die soziale und akademische Intelligenz. Dieser

Befund von Mischel hat ganz wesentlich zu der Entwicklung des Begriffs der emotionalen Intelligenz beigetragen. Der Wissenschaftsjournalist Daniel Goleman beschreibt emotionale Intelligenz als eine "Meta-Fähigkeit, von der es abhängt, wie gut oder schlecht man seine sonstigen geistigen Fähigkeiten umsetzen kann (S.111)".

Emotional intelligentes Verhalten beinhaltet Selbstbeherrschung, Mitgefühl und einen konstruktiven Umgang mit sozialen Konflikten. Sie gilt in stärkerem Maß erlernbar als kognitive Intelligenz, welche in stärkerem Maße durch angeborene Faktoren bestimmt wird. Emotionale Intelligenz überwindet den scheinbaren Gegensatz von Herz-Gefühl-Leidenschaft und Verstand-Vernunft-Intelligenz. Emotionale Intelligenz behindert den Verstand nicht, sie motiviert zu angemessenem Verhalten. Das von Freud beschriebene Spannungsfeld von Lust- und Realitätsprinzip findet hier seine experimentalpsychologisch begründete Entsprechung. Der reifere, emotional intelligentere Mensch schafft es seine auf sofortige Erfüllung gerichteten Wünsche zu zügeln, wenn dies nach Lage der Dinge besser erscheint. Er kann sich den Erfordernissen der Realität anpassen und richtet seine Energie darauf, durch zielstrebiges, aufeinander aufbauendes Handeln wesentliche Wünsche später zu realisieren. Das trifft im Kleinen auf das Abwarten einer größeren Belohnung zu und im Großen auf die Verwirklichung von beruflichen und persönlichen Zielen.

Viele der im Unterricht häufig störenden Schüler sind ganz offensichtlich schlecht in der Lage emotional intelligent abzuwarten und in die Zukunft zu denken. Der Psychologe und Elternratgeber Steve Biddulph bringt ihre Devise so auf den Punkt: "Ich will es haben, und zwar jetzt, ich will nicht warten, nur meine Gefühle zählen". Ein Erfolg ist es, wenn die

Schüler ihre Einstellung zur Selbstkontrolle ändern und zu folgendem Resultat kommen: "Ich kann auch warten - macht ja nichts. Ich kann nicht immer haben, was ich will. Dafür bekomme ich andere schöne Sachen. Meine Gefühle sind zwar wichtig, aber nicht weltbewegend. Ich denke bevor ich handele, damit habe ich mehr Erfolg" (Biddulph, S. 83).

Wie schafften es die erfolgreichen vierjährigen Kinder in dem Experiment von Mischel zu warten? Sie vermieden es, die Belohnung direkt anzuschauen und lenkten sich mit anderen Sachen und Gedanken ab. So wie die Kinder einer Verlockung standhielten, so müssen es auch die häufig störenden Schüler lernen, sich nicht immer verleiten, provozieren und ablenken zu lassen bzw. dies selbst aktiv zu betreiben. Wichtige Hinweise zum Erlernen dieser Fähigkeiten erhalten die Kinder und Schüler aus den Verhaltensweisen der Erwachsenen, mit denen sie leben. Erwachsene, die wenig Weitsicht und Selbstbeherrschung zeigen, sind ein ungünstiges Vorbild.

2.7 Belastungen der Lehrer

Viele Lehrer sind aufgrund der häufigen Unterrichtsstörungen einem lang andauernden und hohen psychischen Druck ausgesetzt. Diese psychische und emotionale Überbelastung führt bei einem Teil der Lehrer zu frühzeitiger Dienstunfähigkeit. Das dieser Zusammenhang besteht, wird von Vertretern der Lehrer-Gewerkschaften und Lehrerverbänden des öfteren vermutet (vgl. Bildung Konkret, 6/7, 1993, S. 8ff. und der Spiegel 3/97 S. 26). Auch die Evaluationskommission zur Begutachtung der Lehrerfortbildung in NW stellte in diesem Sinne fest, dass "Lernschwierigkeiten und Verhaltensauffälligkeiten der Schüler/innen größer werden, dass Werteerosion die Unterrichtsarbeit belastet und dass die psychosoziale

Belastung der Lehrer/innen zunimmt" (zitiert nach nds 1/97, S. 4).

Der Bayrische Oberste Rechnungshof hat 1994 die Gründe für Frühpensionierungen bei 311 frühpensionierten Lehrerinnen und Lehrern untersucht. Es zeigte sich, dass in 51,1% der Fälle von den Amtsärzten psychisch-vegetative bzw. psychosomatische Erkrankungen ohne manifeste organische Ursachen diagnostiziert wurden. In weiteren 12,2% der Fälle konnte kein Grund festgestellt werden. Eine organische Erkrankung wurde in 36,7% der Fälle diagnostiziert. Diese Angaben bestätigen, dass ein hoher Teil der Frühpensionierungen bei Lehrern aufgrund starker psychischer Belastung am Arbeitsplatz erfolgt. Die vom Bundesgesundheitsministerium geführte Statistik über die Zugänge an Frührenten wegen Berufs- und Erwerbsunfähigkeit in Deutschland 1993 ermöglicht einen Vergleich zu der gesundheitlichen Belastung anderer Berufsgruppen. Während nach dem Ergebnis des Bayerischen ORH 51,1% der Lehrer/innen aufgrund erhöhter psychischer Belastung dienstunfähig werden, sind dies bei den Versicherten der Arbeiterrentenversicherung nur 8,3% (gemäß ICD-9 Diagnose 300-316) und bei den Versicherten der Angestelltenversicherung nur 12,0%. Hier zeigt sich, dass psychische Belastungskrankheiten bei Lehrern im Vergleich zu Arbeitern und Angestellten etwa vier- bis fünfmal so häufig auftreten.

2.8 Politische Forderungen

Die hohe Zahl der Frühpensionierungen ruft auch Politiker auf den Plan, nicht zu letzt deshalb, weil hohe Kosten entstehen. Aus den Angaben des Statistischen Bundesamtes (vgl. Breidenstein) ergibt sich, dass im Durchschnitt mit jeder einzelnen Frühpensionierung aufgrund von Dienstunfähigkeit Gesamtkosten in Höhe von über 200.000 Euro verbunden

32

sind. Natürlich umtreibt die Politiker neben den hohen Kosten auch die Frage der Qualitätssicherung, des Images der Schulen und der Berufsausbildung. So hat z.B. die Landesregierung in NRW folgende Forderungen ausgesprochen:

Der 'Ausbildungskonsens NRW'

Führende Vertreter aus Politik, Handel, Wirtschaft, Gewerkschaft und Mitgliedern der Landesregierung NRW vereinbarten 1996 den sogenannten 'Ausbildungskonsens NRW'. Dort wird für den Bereich "Grundhaltungen und Werteinstellungen - Persönliche und soziale Kompetenzen" von den Jugendlichen gefordert:

● soziales Verhalten,
● gute zwischenmenschliche Beziehungen,
● Hilfsbereitschaft,
● Höflichkeit, Freundlichkeit,
● gute Umgangsformen,
● Frustrationstoleranz,
● Respekt vor Anderen und
● die Bereitschaft, die demokratischen Grundwerte zu verteidigen, zu fördern und zu entwickeln.

Es wird ausgeführt: "Neben dem elementaren Wissen und den fachlichen Kompetenzen sind bestimmte Persönlichkeitsdispositionen und Verhaltensweisen für Berufsbildung und Arbeitswelt unverzichtbar. ... **Die Schulen müssen aber diese persönlichen und sozialen Kompetenzen in ihre Arbeit einbeziehen und Grundlagen schaffen, auf denen aufgebaut werden kann.**"

Bericht der Bildungskommission für das 'Haus des Lernens'

Die von Johannes Rau eingesetzte Bildungskommission NRW stellte 1995 ihre Denkschrift "Zukunft der Bildung - Schule der Zukunft" vor. In dieser Denkschrift wird verschiedentlich auf das Problem des mangelnden Sozialverhaltens eingegangen, so z.B. auf S. 84:

"Ziel und ständig zu sichernde Basis des Zusammenlebens von Menschen in einer vielfältig zusammengesetzten demokratischen Gesellschaft ist die Achtung der Freiheitsrechte jedes einzelnen und die Übernahme sozialer Verantwortung."

In einem Übersichtsartikel zur Bedeutung von Schlüsselqualifikationen an Schulen kommt Spenlen zu der Einschätzung (S. 111): "Die Schulen müssen aber diese persönlichen und sozialen Kompetenzen in ihre Arbeit einbeziehen und Grundlagen schaffen, auf denen aufgebaut werden kann".

2.9 Zusammenfassung

Die persönlichen Berichte von Lehrern und eine große Anzahl von Untersuchungen zum Schulklima zeigen, dass das mangelnde Sozialverhalten eines Teils der Schülerschaft zu häufigen Unterrichtsstörungen und Lerneinbußen bei allen Schülern führen. Befunde der Aufmerksamkeits- und Motivationspsychologie belegen, dass eine ruhige Lernatmosphäre eine unabdingbare Voraussetzung für den Lernprozess darstellt. Durch eine Schallpegelmessung wurde nachgewiesen, dass die durchschnittliche Lautstärke in einer normalen Unterrichtsstunde deutlich zu hoch ist. Die Förderung emotionaler Intelligenz erscheint als Schlüsselgröße für eine gesunde Persönlichkeitsentwicklung. Für die Lehrer ergibt sich eine hohe psychische und emotionale Dauerbelastung, die unter anderem auch zu einer hohen Zahl von Frühpensionierungen führt. Politiker erarbeiteten eine Reihe von Empfehlungen, die darauf abzielen, in der Schule das "soziale Miteinander" zu fördern.

Nach Lage der Dinge besteht also dringender Handlungsbedarf. Aber wie kann man eine dauerhafte Verbesserung erreichen? Nun, diese Aufgabe erscheint schwer lösbar und vielschichtig, aber es gibt einen praktikablen Weg, der im folgenden Kapitel vorgestellt wird.

3. DAS TRAININGSRAUM-PROGRAMM

Für das Trainingsraum-Programm wird in Analogie zu den verschiedenen Zielebenen der menschlichen Verhaltensorganisation (vgl. S. 11) eine Gliederung von Zielen auf drei Ebenen definiert: allgemeine Ziele, pädagogische Prinzipien und konkrete Abläufe. Weiterhin ist es nötig, dass die Zielerreichung auf jeder Ebene kontrolliert wird.

1. Es wird ein umfassendes, **allgemeines Ziel** festgelegt, welches von allen Lehrern getragen werden kann. Dieses Ziel soll eine pädagogische Überzeugung verkörpern.
2. Danach sollen Ziele auf der Ebene von **pädagogischen Prinzipien** geklärt werden, die dazu geeignet seien müssen, die vorher beschriebene Überzeugung zu verwirklichen.
3. Dann geht es um die Ausformulierung **konkreter Abläufe** für Lehrer und Schüler, die dazu geeignet sein müssen, die Ziele unter 1 und 2 zu erreichen.
4. Es muss Möglichkeiten geben, **Abweichungen** von der Zielerreichung auf den verschiedenen Ebenen zu **beobachten und** es muss Möglichkeiten geben, diese Abweichungen-**auszugleichen**. Eine Übersicht über die Schritte wird in Abbildung 1 auf Seite 36 dargestellt.

36

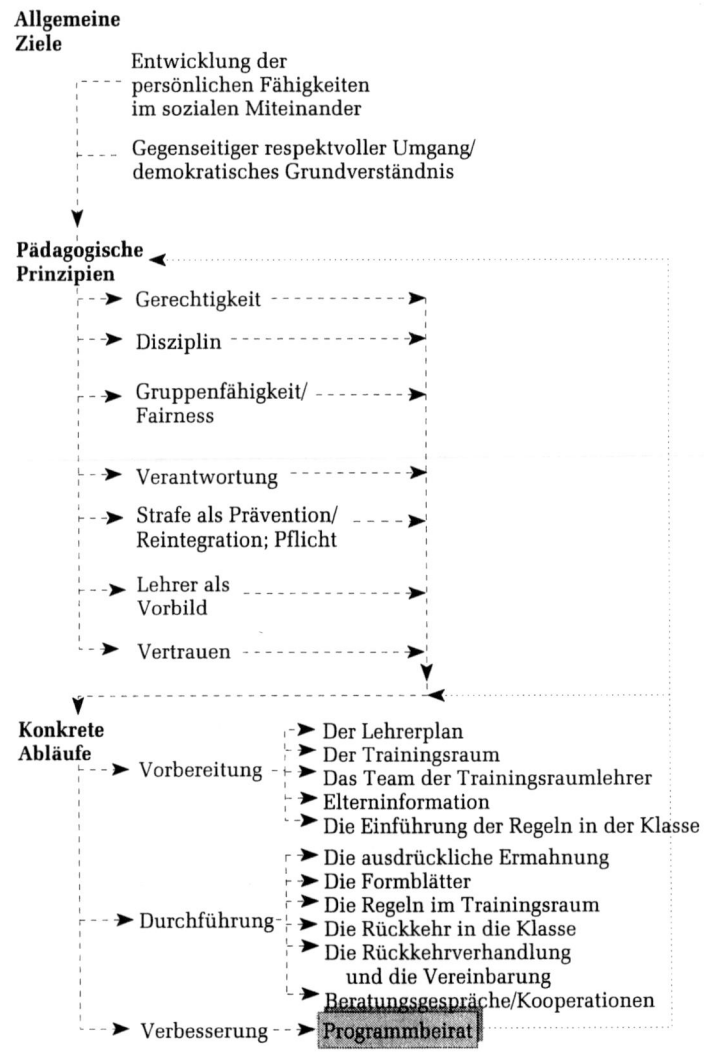

Abbildung 1: Allg. Ziele, päd. Prinzipien und konkrete Abläufe.

3.1 Allgemeine Ziele

Gemeinsames Ziel des Kollegiums festlegen

Neben den Einzelkompetenzen und persönlichen Schwerpunkten, die jeder Lehrer in das Kollegium mit einbringt, soll ein gemeinsames Ziel des Kollegiums erkennbar werden. Dieses Ziel soll dem gesetzlichen Erziehungs- und Bildungsauftrag gerecht werden und dem pädagogischen Ideal verpflichtet sein, die Entwicklung der Schüler im sozialen Miteinander zu fördern. Das gemeinschaftliche Lernen und Sich-Ausprobieren in der Gruppe muss gefördert werden. Es kann nicht toleriert werden, dass Schüler sich auf Kosten der übrigen Klassenmitglieder ausbreiten und alle Freiheiten nur für sich in Anspruch nehmen.

Die Erkenntnisse der Lern- und Motivationspsychologie müssen berücksichtigt werden, wonach gut vorbereitete Lernphasen im Unterricht eine angstfreie und konzentrierte Atmosphäre benötigen. Die Lehrer einer Schule verpflichtet sich daher, eine Atmosphäre des gegenseitigen Respekts aller Beteiligten sicherzustellen und den Schülern einen durchdachten und ungestörten Unterricht anzubieten.

Die gemeinsamen Ziele des Kollegiums können so beschrieben werden:

- Es gibt einen staatlichen Erziehungs- und Bildungsauftrag für alle Schüler: Schule ist Pflicht.
- Es gibt einen gemeinsamen pädagogischen Wunsch: die einzelnen Schüler sollen ihre Möglichkeiten im sozialen Miteinander entfalten können.

Gegenseitiger Respekt und demokratisches Grundverständnis

Sehr wesentlich für die erfolgreiche Durchführung des Programms ist die Grundhaltung des gegenseitigen Respekts, da sie Gegenseitigkeit als wichtiges Element der Gerechtigkeit garantiert. Konkret bestehen die folgenden Rechte und Pflichten für Lehrer und Schüler:

> • **Jede Schülerin und jeder Schüler hat das Recht ungestört zu lernen.**
> • **Jede Lehrerin und jeder Lehrer hat das Recht ungestört zu unterrichten.**
> • **Jede/r muss stets die Rechte der Anderen respektieren.**

Für die Schüler besteht das Recht in der Klassengemeinschaft ungestört zu lernen und die Pflicht, Rücksicht auf die Rechte der Anderen zu nehmen, sowie in sozialen Angelegenheiten lernbereit zu sein. Für den Lehrer besteht das Recht ungestört zu unterrichten und die Pflicht, lernbereite Schüler vor den Störungen anderer zu schützen. Die Idee des gegenseitigen respektvollen Umgangs ist eng verbunden mit dem allgemeinen Ziel, dass die Schüler in der Schule ein grundlegendes Verständnis für funktionierende demokratische Strukturen erlernen.

Alle weiteren Ziele und Maßnahmen müssen darauf gerichtet sein, diese Ziele im Rahmen der Schulpflicht zu erreichen.

3.2 Pädagogische Prinzipien

Es müssen Ziele auf der Ebene von pädagogischen Prinzipien durchdacht, diskutiert und geklärt werden, um das allgemeine Ziel der Entfaltung der Möglichkeiten im sozialen Miteinander zu verwirklichen.

Ich möchte zuerst die Lösung und Vermeidung **innerer Konflikte** von Lehrern diskutieren. Eine gute gedankliche und emotionale Vorbereitung führt dazu, dass man den eigenen Standpunkt zu problematischen Themen noch mal überdenkt und neu begründet. Dann besteht eine sichere Grundlage dafür, konkrete Entscheidungen unter Zeitdruck treffen zu können und bei Bedarf im nachhinein stimmig begründen zu können. Entscheidungssicherheit ist ein ganz wesentliches Merkmal von Souveränität in der Klasse. Lehrer, die Entscheidungen zielsicher treffen und im nachhinein schlüssig begründen können, erfahren eine höhere Akzeptanz bei allen Schülern. Sie machen sich selbst die Klassenführung leichter, da sie die wesentliche gedankliche Arbeit zur Vorbereitung der Entscheidung nicht in der kritischen Situation leisten müssen.

Als Definition für einen inneren Konflikt gilt:
Ein innerer Konflikt besteht dann, wenn eine Person für eine Sache oder ein Thema zwei (oder mehr) unterschiedliche Ziele gleichzeitig anstrebt, die sich gegenseitig ausschließen.

Das englische Sprichwort: "You can't eat the pie and have it" gibt die Problemlage anschaulich wieder. Entweder man isst den Kuchen oder man behält ihn, ihn gleichzeitig zu essen und zu behalten ist unmöglich. In der Klasse treten für einen Lehrer bestimmte innere Konflikte immer wieder auf. Dazu gehören Konflikte, die sich auf den Disziplinbegriff, das Verständnis von Strafe, die Verantwortung und Gruppenfähigkeit der Schüler, die Frage der Gerechtigkeit in der Klasse, die Rolle des Lehrers als Vorbild im sozialen Verhalten sowie auf die Frage des Vertrauens beziehen. Es ist für den Lehrer ganz wesentlich eigene Konflikte im Bezug zu diesen Themen im Vorfeld zu klären, da sich sonst in der Klasse unnötig große Entscheidungsunsicherheiten, -hemmungen und -schwankungen ergeben.

Die folgenden Erörterungen sollen dazu anregen, den eigenen Standpunkt zu diesen Themen zu überprüfen.

Disziplin

Das Wort Disziplin hat verschiedene Bedeutungen, die mit Hilfe eines Wörterbuchs zur Wortforschung erkundet werden können. Das Wort Disziplin ist lateinischen Ursprungs und besteht aus zwei Bestandteilen, *dis* und *capere*. Die Vorsilbe dis bedeutet im Deutschen soviel wie: eine Sache auseinandernehmen, zerlegen oder zergliedern. Der zweite Wortbestandteil cipere/capere bedeutet ursprünglich eine Sache zu erfassen und vollständig in sich aufzunehmen. Die Wörter Caput, Kapital (Haupt) und kapieren sind von dieser Bedeutung abgeleitet.

Es ergibt sich somit die folgende ursprüngliche Bedeutung für das Wort Disziplin: eine Sache erst auseinandernehmen, um sie dann vollständig zu begreifen. Diese Bedeutung beschreibt in sehr anschaulicher und umfassender Weise den Prozess des Lernens.

Im weiteren ergab sich dann ein Wort für denjenigen, der diesen Prozess durchführt: den Schüler (lat.: discipulus) und ein Wort für die untergliederten Fachgebiete, die Disziplinen des Sports oder der Wissenschaft.

Die Wortbedeutung der Ordnung und der Ordnungsmaßnahmen sind erst später im militärischen Kontext entstanden. Disziplin bekommt hier die Bedeutung des Gehorsams, des Befolgens von Anordnungen. Diese Anordnungen müssen nicht selbst verstanden oder befürwortet werden. Das Nichtbefolgen der Anordnung führt zu einer möglicherweise erheblichen Disziplinarstrafe.

Die Analyse des Wortfeldes belegt einen starken Wandel des Begriffs. Während es zunächst um die Auseinandersetzung mit einer Sache mit dem Ziel zu lernen und zu verstehen geht, verändert sich die Bedeutung in die genau entgegengesetzte Richtung. Disziplin wird zum Synonym für blinden Gehorsam.

Zwischen den beiden Bedeutungen Lernen aus Interesse und Gehorsamkeit besteht ein Spannungsfeld. Im pädagogischen Kontext erscheint Disziplin nur in der ersten, ursprünglichen Wortbedeutung erstrebenswert, nämlich in der Bedeutung **des Schülers, der eine Sache verstehen will.** Dazu muss er sich an die Regeln und Notwendigkeiten seiner Disziplin, seines Fachgebiets halten. Das Befolgen von Regeln geschieht in Abgrenzung zu der zweiten Wortbedeutung nicht aus Gehorsam und Angst vor Disziplinarstrafen, sondern aus Einsicht in die innere Notwendigkeit seines Faches. Aus der Einsicht in die innere Notwendigkeit des Faches ist das Einhalten von Disziplin (im Sinne von Ordnung) notwendig. Mit anderen Worten:

> Wenn ein Schüler freiwillig etwas ergründen, verstehen und lernen möchte, dann wird er sich auch freiwillig an die Ordnung seines Fachgebietes halten, weil er sonst nichts verstehen und lernen kann.

Die jeweilige Ordnung wird durch die Eigenheiten des Lerninhalts bestimmt. Geht es darum Bewegungsabläufe beim Sport zu erlernen ist eine andere Ordnung erforderlich als beim Erlernen eines Musikstücks an einem Instrument, beim Lernen von Vokabeln einer Fremdsprache oder der Vorbereitung einer Theateraufführung. Egal welche Ordnung das Fachgebiet erfordert, der interessierte Schüler benötigt kaum äußere Disziplin, da er die nötige innere Disziplin aufbringt. Disziplinprobleme sind fast immer auch Motivationsprobleme. Ein anderer Fall ist dann gegeben, wenn interessierte Schüler eine schlechte Form der Lehre beanstanden.

Erst dann, wenn **der Schüler nicht den Wunsch hat, eine Sache zu verstehen,** sondern andere Ziele verfolgt, die mit der

Sache nichts zu tun haben oder sogar direkt gegen die Vermittlung der Lerninhalte gerichtet sind, erlangt die andere Wortbedeutung an Wichtigkeit. Dann kann es vorkommen, dass der Lehrer vom Schüler auch gegen dessen Willen verlangt, sich seiner Anweisung unterzuordnen.

In der Schule kommt es häufig vor, dass Schüler keine Lust auf bestimmte Themen oder Lehrer haben, keinen Sinn im Unterricht erkennen oder überhaupt nicht freiwillig am Unterricht teilnehmen. Dann ist es sehr wahrscheinlich, dass sie auch nicht das Ziel haben, sich den Regeln des Faches freiwillig und aus Einsicht zu unterwerfen. Es ist dann eher so, dass sie die Anforderungen des Faches als Störung ihres Wunsches nach freier Selbstbestimmung empfinden, die sie zielstrebig ausgleichen werden.

Diese Ausgleichshandlungen sind - aus der Sicht der durch den Unterricht gestörten Schüler - sinnvolle Störaktionen gegen den Unterricht an sich oder gegen wesentliche Teile des Unterrichts, wie z.B. gegen das Unterrichtstempo, gegen interessierte Mitschüler ("Streber") und gegen den Lehrer. Diese Schüler haben so lange sich selbst gegenüber die Empfindung moralisch im Recht zu sein, da sie ihre Interessen nach Freiheit und Selbstbestimmung vertreten, bis sie das Prinzip der Gruppenfähigkeit akzeptiert haben.

Innerer Konflikt des Lehrers im Bezug auf den Disziplinbegriff

Die Forderung nach Disziplin im Sinne der Unterordnung beinhaltet immer die Einschränkung von Verhaltensmöglichkeiten und Freiheiten. Da Freiheit eines der höchsten Güter ist, welches Menschen haben, wird die Forderung nach solcher Disziplin immer als Einschränkung persönlicher Freiheit empfunden und erzeugt spontane Gegenwehr. Niemand möchte sich gerne etwas vorschreiben oder verbieten lassen und es fällt den allermeisten Leuten schwer, sich an Regeln zu halten, die die Handlungsfreiheit beschränken. Jeder, der sich ein Laster abgewöhnen will, weiß das aus eigener Erfahrung. Wenn der Lehrer darum bemüht ist, die sozialen Möglichkeiten und Freiheiten der Schüler zu vergrößern, dann kommt er leicht in einen inneren Konflikt, wenn er in der konkreten Situation Freiheiten einzelner Schüler einschränken muss oder soll.

Dies führt zu der Frage, warum es den überhaupt Regeln geben muss, wenn es denn so unbequem ist, sich daran zu halten. Wenn man Schülern die Frage stellt, warum sie im Freizeitbereich bei Spielen freiwillig selber Regeln einhalten, so erhält man die Antwort: "Sonst gewinnen immer nur die Gleichen (nämlich die Stärksten oder Schlauesten)" und "Sonst kommt es leicht zu Unfällen". Der Hinweis, dass sonst immer nur die Gleichen gewinnen, berührt das Problem der Gerechtigkeit, der zweite Hinweis die Frage der Sicherheit.

Der Disziplin-Handel lautet: Man ist bereit sich an Regeln zu halten und die eigene Freiheit einzuschränken, wenn man dadurch die erwünschte Gerechtigkeit und Sicherheit erzielen kann.

Disziplin gewährleistet in der Klasse die möglichst gleichmäßige Verteilung von Freiheiten, Handlungsmöglichkeiten, Förderangeboten und Sicherheit. Niemand muss psychische oder physische Angriffe befürchten, wenn die Mitglieder der Gruppe sich diszipliniert verhalten. Die Einhaltung von Disziplin beinhaltet folgendes Einverständnis unter den Klassenmitgliedern. Jeder ist bereit einen Teil seiner persönlichen Freiheiten innerhalb der Gruppe aufzugeben. Dafür bekommt er von der Klasse Gerechtigkeit und Sicherheit. Dieser Handel ist, wenn alle Mitglieder sich an die Regeln halten, für alle Mitglieder vorteilhaft. Um zu vermeiden, dass einzelne Schüler die gruppenorientierte Haltung der anderen Schüler ausnutzen, muss der Lehrer die Aufsicht über die Einhaltung der Regeln führen. Aufgrund seiner Schutzfunktion hat er die Befugnis und die Pflicht bei Bedarf reglementierend einzuwirken. Beim Fußball heißt es: "der Schiedsrichter verleiht den Regeln Geltung". In der Klasse verleihen die Lehrerin und der Lehrer den Regeln Geltung.

Gruppenfähigkeit/Fairness

Es ist sehr wichtig, dass die Schüler der Klasse gruppenfähig sind. Die Gruppenfähigkeit ergibt sich aus der Einsicht des Gruppenmitglieds, dass jedes Gruppenmitglied respektvoll und fair behandelt werden muss und dass in der Gruppe das Interesse der Gruppe Vorrang vor dem Interesse des Einzelnen hat.

Gruppenfähigkeit führt dazu, dass ein Schüler in einem Konflikt zwischen eigenem und dem Gruppeninteresse sein eigenes Interesse zurückstellt und dem Gruppeninteresse den Vorrang einräumt, solange er sich in der Gruppe befindet.

Konkret bedeutet dies, dass ein störender Schüler nach einer ausdrücklichen, respektvoll ausgesprochenen Ermahnung des Lehrers einlenken würde. Das Thema Gruppenfähigkeit und Fairness sollte im Unterricht ausgiebig behandelt werden.

Verantwortung

Verantwortung zu übernehmen bedeutet, sich um eine Person, eine Sache, ein Thema oder eine Angelegenheit zu kümmern. Dies kann in unterschiedlicher Ausprägung der Fall sein. Verantwortung zu übernehmen hängt oft damit zusammen auch Pflichten einzugehen und Freiheiten aufzugeben. Es bedeutet aber auch, eine Sache zu meistern und selbstständige Erfolge zu erzielen.

Dies ist ein zentraler Punkt für die Persönlichkeitsentwicklung bei Kindern und Jugendlichen: ein Erfolg, der auf eigenes Handeln und eigene Anstrengung zurückzuführen ist, führt zu einer Erhöhung des Anspruchsniveaus und zu einer Stärkung des Selbstwertgefühls. Wenn der Erfolg außerdem in einem sozial erwünschten Kontext erreicht wurde, dann ergibt sich zusätzlich eine Verbesserung des Ansehens und der sozialen Stellung in der Gruppe. Die Schüler brauchen also dringend Bereiche, in denen sie soziale Verantwortung übernehmen können. Diese Möglichkeit sollen die Lehrer ihnen eröffnen.

Ob ein Schüler sich dafür entscheidet für einen Bereich Verantwortung zu übernehmen, hängt von seinen übergeordneten Zielen ab. Ein Schüler wählt unter verschiedenen äußeren Vorbildern und eigenen Ideen seine Vorlieben und Ziele selbst aus und versucht dann aktiv, diese Ziele zu erreichen. Der Prozess der Zielauswahl und Handlungsausführung kann mehr oder weniger bewusst erfolgen, in jedem Fall aber ist es der Schüler, der sich seine Ziele bewertet und aussucht und nie eine andere Person. Ein Schüler wird nur dann die Ideen oder das Vorbild einer anderen Person übernehmen, wenn er diese Ideen selber als für sich passend bewertet. Nie wird ein Schüler Ideen oder Vorbilder übernehmen, welche er, aus welchen Gründen auch immer, ablehnt. Man macht in der Regel das, was zu einem passt.

Es ist unbestreitbar wahr, dass viele Schüler und Schülerinnen in schwierigen sozialen, wirtschaftlichen und familiären Situationen leben, für deren Entstehung sie keine Verantwortung tragen. Sie können verwöhnt oder vernachlässigt sein. Es ist aber ebenso wahr, dass jeder Schüler und jede Schülerin mit aufsteigendem Alter zunehmend die Verantwortung für die

Gestaltung des eigenen Lebens übernehmen muss. Bei diesem Prozess der Übernahme eigener Verantwortung muss den Schülern qualifiziert geholfen werden, indem sie über die absehbaren Folgen ihrer eigenen Entscheidungen und Handlungen im vorhinein und rückblickend informiert werden. Der Nutzen, den die Übernahme von Verantwortung mit sich bringt, muss verdeutlicht und erfahrbar sein. Die Schüler werden im Trainingsraum-Programm aufgefordert, sich zwischen den verschiedenen Wahlmöglichkeiten und den damit verbundenen Folgen bewusst zu entscheiden. In den Verantwortungsbereich des Schülers gehört z.B. die Frage, ob er sich in seiner Klasse an die bestehenden Klassenregeln halten will. Schüler, die es in der Klasse gelernt haben, ihre eigenen Verhaltenswünsche innerhalb der Klassenregeln zu verwirklichen, haben auch die Fähigkeit, sich in anderen Gruppen, wie z.B. der eigenen Familie, dem Freundeskreis, einem Sport- oder Freizeitverein nützlich einzubringen. Im beruflichen Leben ist die Fähigkeit in einem Arbeitsteam selbstverantwortlich und kooperativ zu denken und zu handeln zu einer Schlüsselfähigkeit geworden. Schüler und Schülerinnen, die über diese Schlüsselfähigkeiten verfügen, haben es leichter, den aufgrund der negativen Entwicklung des Arbeitsmarktes sehr schwierigen beruflichen Einstieg zu meistern. Aus den Statistiken des Arbeitsamtes geht hervor, dass eine abgeschlossene Schul- und Berufsausbildung das Risiko von Arbeitslosigkeit drastisch senkt.

Die schlechtere Alternative zur Übernahme von eigener Verantwortung liegt darin, die Verantwortung stets anderen Personen oder den Umständen zu geben. Dieses Verhalten wird von störenden Schülern häufig eingesetzt, wenn es darum geht, das 'Privileg', alles tun und lassen zu können, was man gerade möchte, zu verteidigen. Es führt in der Schulpraxis zu Ausreden und Beschuldigungen, wenn eine Regelverstoß aufgeklärt werden soll. Die Einsicht, dass jeder selbst entscheidet und darum auch selbst verantwortlich dafür ist, ob er sich an eine Regel hält oder nicht, wird dann vermieden.

Viele Lehrer stellen sich bei der Beurteilung des Sozialverhaltens gerade der häufig störenden Schüler die Frage, ob diese - überhaupt in der Lage sind, sich an die sozialen Regeln in der Klasse zu halten, oder ob sie damit überfordert sind. Wenn ein Schüler, aus welchen Gründen auch immer, nicht die Fähigkeit hat sich an die Klassenregeln zu halten, dann darf man die Einhaltung dieser Regeln nicht von ihm fordern, da es eine pädagogisch unzulässige und nachteilige Überforderung wäre. Dann stellt sich die Frage, ob der Schüler eine andere Lernumgebung oder einen besonderen Förderort benötigt, was im Einzelfall durchaus zu bejahen sein wird.

Wenn man jedoch erkennt, dass der Schüler sich in anderen Lebensbereichen, z.B. im Freizeitbereich im Sportverein oder im Umgang mit Freunden gut an vergleichbare Regeln halten kann, weil er es dort freiwillig tut, dann weiß man, dass der Schüler grundsätzlich die Fähigkeit hat solche Regeln einzuhalten. Es wird deutlich, dass es vorrangig an seiner eigenen Einsicht und Anstrengungsbereitschaft liegt, ob und wann er sich an die jeweils gültigen sozialen Regeln halten möchte oder nicht. Dann muss man die für alle geltende Pflicht zur Einhaltung der Klassenregeln vom Schüler einfordern.

Ein wichtiges Ziel der Arbeit im Trainingsraum-Programm besteht also darin, die Einsicht zu fördern, dass jede/r selbst für sich entscheiden muss und deshalb auch selbst dafür verantwortlich ist, ob er sich an die Klassenregeln hält oder nicht. Dies wird dadurch erreicht, dass die Schüler, die in den Trainingsraum geschickt werden, bei der Planbearbeitung aufgefordert werden, auch über ihren eigenen Anteil an dem aufgetretenen Problem zu berichten. Wenn an einem Vorfall mehrere Schüler beteiligt waren, wird nicht in Abrede gestellt, dass mehrere Schüler eine Teilverantwortung haben. Jede/r Einzelne soll aber besonders dazu Stellung nehmen, welchen Teil der

Verantwortung an dem Verlauf der Störung er selbst übernehmen muss. Es wird nicht akzeptiert, dass Schüler, die an einer
Störung beteiligt waren, versuchen, die Schuld nur bei den
anderen zu sehen.

Um das entstandene Problem zu lösen, müssen die Schüler
im Trainingsraum eine eigene Idee dazu entwickeln, wie sie
sich demnächst besser verhalten können und welche vorbeu-
genden Maßnahmen sie ergreifen können. Sie sollen schrittweise mehr Verantwortungsgefühl entwickeln.

Stufen der Verantwortung:

keine Verantwortung
0. Nicht bemerken, dass etwas aufgeräumt (erreicht,
   angepackt, verändert, erledigt, verbessert, verteidigt,
   geschützt) werden müsste.
1. Ignorieren, dass etwas aufgeräumt (erreicht, angepackt,
   verändert, erledigt, verbessert, verteidigt, geschützt)
   werden müsste.
2. Das meiste immer liegen lassen.
3. Einiges nie liegen lassen.
5. Das meiste sofort aufräumen.
6. Schon vorher vermeiden, dass etwas liegen wird.
7. Dafür werben, dass andere auch so handeln.
hohe Verantwortung

Strafe versus Pflicht

Es stellt sich die Frage, welche effektiven und zulässigen Möglichkeiten ein Lehrer zur Verfügung hat, um Verletzungen der
sozialen Umgangsformen zu begegnen. Er kann in einem gewissen Rahmen erzieherische Strafen und Zwang anwenden. Leider führen diese Maßnahmen bei den problematischen Schü-

lern oftmals nur zu kurzfristigen Änderungen des Verhaltens, nicht aber zu der erwünschten Veränderung der Einstellung gegenüber dem Verhalten. Weiterhin haben Straf- und Zwangsmaßnahmen eine Reihe von schwerwiegenden Nebenwirkungen, die pädagogisch sehr unerwünscht sind. Rückzug, Rachegedanken und eine Belastung der persönlichen Beziehung sind regelmäßige Folgen. Ein Schüler, der gerade bestraft wurde, kann sich nicht mehr auf den Unterricht konzentrieren, da er zu sehr mit der Bestrafungssituation beschäftigt ist. Auch ein Lehrer, der gerade in einem ernsthaften Streit verwickelt war, wird es schwer haben, sich wieder auf seinen Unterricht zu konzentrieren.

Ein weiteres Problem kommt hinzu. Da es immer wieder vorkommt, dass Schüler durch ihre Elternhäuser und/oder peergroups in hohem Ausmaß straferfahren sind, kommt der bestrafende Lehrer in das Dilemma, dass einige Schüler schon an so hohe Strafen gewöhnt sind, dass es ethisch und rechtlich nicht zu verantworten wäre, auf diesem hohen Niveau zu bestrafen. Er würde das Gebot der Verhältnismäßigkeit von Regelverletzung und Strafe verletzen. Falls der Lehrer trotzdem versuchen würde, mit der Bestrafung seine Macht zu demonstrieren, würde er an den straferfahrenen Schülern scheitern, die auch bei hohen Strafen nicht einlenken.

Häufig wird eine Bestrafung mit dem Ziel der *Vergeltung* gegeben. Der Bestrafende möchte dabei etwas zurückgeben, etwas "heimzahlen". Er möchte wahrnehmen, dass der zu Bestrafende in einen Zustand gerät, der mindestens genauso schlecht ist, wie der Zustand, in den ein Anderer aufgrund der Schuld des zu Bestrafenden geraten ist. Vergeltung als Motiv der Bestrafung ist schulrechtlich nicht zulässig, lässt sich aber im Einzelfall kaum nachweisen. Die Problematik der Vergeltung als Strafmotiv liegt u.a. darin, dass der Lehrer das Strafmaß von dem Ausmaß des eigenen Leidens aufgrund der Schuld des Schülers abhängig macht. Dadurch wird das Strafmaß sehr abhängig von persönlichen Gefühlen und Beziehungen. Lieblingsschülern wird alles nachgesehen und nie Schuld zugeschrieben, selbst störende Handlungen werden stets entschuldigt. Missliebigen Schülern wird aus allem und jedem ein Schuldvorwurf gemacht, der dann Anlass zur Bestrafung gibt. In der Klasse erscheint die Strafe dann willkürlich und ungerecht.

Der Lehrer kann auch auf Bestrafungen verzichten und die Störungen ignorieren. Das führt aber nicht zu einer Besserung der Situation, da die häufig störenden Schüler zielstrebig so lange weiter stören, bis sie die Schmerzgrenze des Lehrers und der Klasse finden, egal wie weit sie dafür gehen müssen.

Der Lehrer kann versuchen mit den störenden Schülern in der Klasse über das Störverhalten zu diskutieren in der Hoffnung, dass die Schüler seine Argumente einsehen und von sich aus einlenken. Die Erfolgsausbeute dieser Methode ist allerdings zu gering und nicht ausreichend, um zu verhindern, dass durch die Diskussionen selbst wiederum ein erheblicher Teil des Unterrichts verloren geht, ohne dass die störende Schüler danach dauerhaft einlenken würden. Zu diskutieren ist sicherlich unverzichtbar. Aber der Lehrer muss in der Lage sein, Ort, Dauer und Thema der Diskussion zu bestimmen. Es ist unfair gegenüber der Klasse, wenn der Lehrer immer wieder mit Klärungsgesprächen beschäftigt ist und der Rest der Klasse solange warten muss.

Das Ziel, mit einer Maßnahme eine *vorbeugende Wirkung* zu erreichen, ist pädagogisch sinnvoller, da es das Schutzbedürfnis der Gruppe im Blick hat und gleichzeitig auf die (Re-)Integration des Bestraften gerichtet ist. Dazu werden eher Pflichten vergeben als Strafen erteilt. Die Maßnahme soll in ihren einzelnen Bestandteilen dazu beitragen, dass der Störende sich zukünftig besser an die Regeln in der Klasse halten kann. Eskalationen, Beleidigungen, respektlose Bemerkungen und Zynismen sollen bei der Vergabe der Pflichten strikt vermieden werden. Die Schüler sollen durch die Maßnahme inhaltlich dazu aufgefordert werden, sich ihre eigenen Ziele und Handlungen vor Augen zu führen und Verantwortung dafür zu übernehmen. Die auferlegte Pflicht soll dabei helfen, diese bestehende Eigenverantwortlichkeit bewusst zu machen und die Folgen weiterer Verstöße im vorhinein zu bedenken und ernst zu nehmen.

Aus der Perspektive des betroffenen Schülers macht es einen großen Unterschied, ob er die Pflichtauferlegung subjektiv als gerechtfertigt oder als ungerechtfertigt erlebt. Natürlich ist der Lehrer verpflichtet sein bestes dafür zu geben, dass der unvermeidliche Anteil der als ungerechtfertigt empfundenen Maßnahme möglichst gering bleibt. Das beste Mittel hierfür besteht darin, respektvoll und sachlich zu bleiben und dem ausdrücklich ermahnten Schüler die Möglichkeit zum Einlenken zu geben. Der Lehrer hat immer das Dilemma, dass er zwei Arten von Fehlern begehen kann: der eine Fehler besteht darin, Schüler, die ernsthaft stören, nicht zu ermahnen, der andere Fehler besteht darin, Schüler zu unrecht zu ermahnen. Der letzte Fehler wird ungern begangen, was leider dazu führt, dass auch viele berechtigte Ermahnungen unterbleiben. Zum Glück führt eine ausdrückliche Ermahnung nicht automatisch zu einer Bestrafung, da der Schüler sich noch entscheiden kann. Das reduziert das Risiko von als ungerecht erlebten Bestrafungen.

Das Wort Bestrafung hat im allgemeinen Sprachgebrauch stets einen negativen Anklang. Innerhalb des Trainingsraum-Programms wird die Auferlegung von Pflichten als notwendiges Übel gesehen, um die Klasse zu schützen, ein funktionierendes Zusammensein zu ermöglichen und den Schüler zu reintegrieren. Ohne gut beschriebene, überprüfbare und angemessene Maßnahmen kommt es zu einer weit höheren Belastung (d.h. Strafe) für die anderen Schüler in der Klasse: es kommt dazu, dass die gedanken- und rücksichtslosen Schüler alle anderen dominieren und das Lernen verunmöglichen. Und es kommt dazu, dass vergeltungsorientierte Lehrer ohne Kontrolle bleiben. Eine Maßnahme mit dem Ziel der Vorbeugung führt zu Erleichterungen für alle Beteiligten und hat daher eine überwiegend positive Bedeutung. Daher erscheint es mir zulässig (d.h. ohne Wortverdreherei zu betreiben) und sinnvoller von einer Aufgabe oder einer Pflicht für den Schüler zu reden und nicht von einer Bestrafung des Schülers. Diese Ansicht wird gestützt durch die Tatsache, dass Schüler nach einer gewissen Anzahl von Trainingsraumbesuchen von sich aus erklären, dass der Trainingsraum ihnen positive Möglichkeiten zum Nachdenken eröffnet hat. Viele sind dann auch bereit zuzugeben, dass sie von sich aus angefangen haben zu stören.

Insgesamt betrachtet ergibt sich auch die Erkenntnis, dass es - egal welche Methode man benutzt - unmöglich ist, das Verhalten und die Einstellung eines Schülers zu bestimmen oder zu erzwingen.

Gerechtigkeit

Gerechtigkeit wird gelegentlich definiert als gleiches Verhältnis von Handlung und Handlungsfolgen zwischen verschiedenen Personen, z.B. in dem Sinne das verschiedene Schüler für die gleiche Arbeit die gleiche Zensur bekommen sollen. In der Klasse geht es aber nicht nur um das Problem der gerechten Bewertung, sondern auch um gerechte Verteilung von Lernangeboten, Aufmerksamkeit und Zuwendung des Lehrers. Alle Schüler sollen die Möglichkeit haben, ungestört zu lernen und die Lehrer sollen ungestört unterrichten können. Diese Selbstverständlichkeiten geraten leider allzu leicht aus dem Blickfeld, wenn es in einer Klasse eine Gruppe von häufig störenden Schülern gibt.

Es ist ungerecht, wenn die lernbereiten Schüler immer wieder durch eine Gruppe von häufig störenden Schülern am Lernen gehindert werden. Gerade die häufig störenden Schüler reklamieren aber oft und laut, dass sie gerecht behandelt werden wollen, wenn es um die Klärung der Frage geht, wer angefangen hat zu streiten. Dabei geraten die berechtigten Interessen der lernbereiten und zumeist ruhigeren Schüler aus dem Blickwinkel des Lehrers.

Über längere Sicht ist es fatal, dass der Lehrer seine Aufmerksamkeit am ehesten denjenigen gibt, die am lautesten auf sich aufmerksam machen, denn letztlich benötigen alle, auch die ruhigeren Schüler die Aufmerksamkeit und Zuwendung des Lehrers.

Allerdings kommt der Lehrer leicht unter Druck, wenn er versucht, allen Schülern in ausreichender Weise Aufmerksamkeit zu geben. Er hat in der Regel nicht genügend Zeit auf alle Fragen und Bedürfnisse jedes einzelnen Schülers einzugehen. Er kann keinen Einzelunterricht geben, sonder hat für die gesamte Klasse nur eine bestimmte Zeit zur Verfügung, in der er den erforderlichen Lernstoff vermitteln muss. Viele Schüler kommen aus häuslichen Lebenssituationen, in denen sie einen Mangel an Zuwendung, Aufmerksamkeit und sinnvoller gemeinschaftsbezogener Förderung erfahren. Sie haben dementsprechend einen enormen Bedarf an Zuwendung und Aufmerksamkeit, der die Möglichkeit des Lehrers diese Bedürfnisse zu decken bei weitem überfordert, und sie verfügen nicht alle über die für das Zusammenleben in der Schule erforderlichen sozialen Kompetenzen.

Schüler, die zu Hause einen Mangel an Zuwendung und Förderung erleben, befriedigen den offenen Wunsch nach Anerkennung in ihrer Klasse. Dies führt dazu, dass besonders unter diesen Schülern ein Wettkampf um die meiste Anerkennung und die größte Bedeutung in der Klasse oder einer Teilgruppe der Klasse entbrennt. Dabei ist die Anerkennung innerhalb der peer-group bedeutsamer als die Anerkennung durch die Lehrer. Dies hat sicher unterschiedliche Gründe. Einer davon dürfte darin bestehen, dass man vom Lehrer Anerkennung für gute Mitarbeit, Leistungen und gutes Sozialverhalten bekommt. Mitzuarbeiten, etwas zu leisten und sich an Regeln zu halten ist aber anstrengend und widerspricht der Tendenz, die eigene Handlungsfreiheit zu verteidigen.

Anerkennung in der peer-group erlangen die Schüler häufig dadurch, indem sie Sachen machen, bei denen sie ihren Mut beweisen können und ihre Handlungsfreiheiten vergrößern. Dies lässt sich häufig am besten bei den vom Lehrer verbotenen Sachen erreichen.

Das sie bei dem Rest der Klasse und dem Lehrer kein Lob erntet, interessiert sie entweder wenig oder freut sie sogar. Sie genießen die Aufmerksamkeit des Lehrers, auch wenn diese darin besteht, dass sie getadelt werden. Im in-group-Kodex ist ein Tadel eines verpönten Lehrers eine höhere Auszeichnung als dessen Lob.

Gerechtigkeitsprobleme

Gerechtigkeitsproblemen ergeben sich oft, wenn der Lehrer mit unzulänglichen Methoden versucht, in der Klasse für eine gerechte Behandlung der Schüler zu sorgen.

In vielen Klassen herrscht dauerhaft das Problem, dass der Lehrer stets um Gerechtigkeit bemüht ist, aber den Hauptteil seiner Zeit und Energie für wenige Schüler verwendet und für den Hauptteil der Schüler nur noch wenig Zeit und Energie zur Verfügung hat. Warum ist das so?

Die allermeisten Lehrer haben das Ziel, dass es in der Klasse stets gerecht zugeht. Dieses Ziel ist ihnen sehr wichtig, wichtiger als die meisten anderen Ziele, es ist verankert auf der Ebene der Prinzipien. Daher wollen Sie es nicht tolerieren, wenn bei einer Streitsituation der Vorwurf erhoben wird, es bestehe eine Ungerechtigkeit. Sie fühlen sich dann innerlich verpflichtet, diesem Vorwurf direkt nachzugehen, weil sie ungerechte Zustände möglichst sofort beenden wollen. Sie können es aufgrund ihres eigenen Wunsches nach Gerechtigkeit nicht auf sich beruhen lassen, wenn ein Schüler sagt, dass er ungerecht behandelt worden ist.

Den Wunsch der Lehrer Gerechtigkeit herzustellen, nutzen häufig störende Schüler immer wieder gerne und erfolgreich aus. Das geht so: ein Schüler muss laut genug sagen, dass er von einem Mitschüler (oder seltener dem Lehrer) ungerecht behandelt wird, dann kann er so gut wie sicher sein, dass der Lehrer diesem Vorwurf direkt nachgeht und sich bemühen wird, den Vorfall aufzuklären. Da der Lehrer aber in den meisten Fällen nicht selber Zeuge des Vorfalls gewesen ist bzw. ein Ereignis in den meisten Fällen in verschiedener Weise interpretiert werden kann, reicht es, wenn der Schüler zunächst einmal die Behauptung aufstellt, dass seine Sichtweise die richtige ist. In der Regel ist es dann erforderlich, dass auch die Gegenseite angehört wird und dass der Lehrer dann seine Stellungnahme zu den gegenseitigen Schuldvorwürfen abgibt. Allerdings ist es nicht zu erwarten, dass eine echte Problemlösung gefunden wird, in dem Sinne, dass alle Seiten sich auf einen tragfähigen Kompromiss darüber einigen können, wie nun der gegenseitige Umgang geregelt wird. Dies liegt daran, weil der häufig störende Schüler das Ziel verfolgt, sich in seiner Freiheit nicht durch Regeln und Verbote einschränken zu lassen. Er möchte sich nichts sagen lassen und ist nur zum Schein dazu bereit, einen Kompromiss einzugehen. Der Lehrer erkennt zwar die Haltung des Schülers und hat das ungute Gefühl, dass die Zusage des Schülers nicht ernst gemeint ist. Trotzdem lässt er es an dieser Stelle erst einmal auf sich beruhen. Der Lehrer ist nicht wirklich zufrieden, allerdings ist nun (scheinbar) wieder etwas mehr Ruhe hergestellt worden und das ist besser als der Zustand vorher.

Das Problem, dass sich aus diesem Umgang mit dem Wunsch Gerechtigkeit herzustellen, ergibt, besteht darin, dass als unerwünschter Begleiteffekt die Gerechtigkeit in einem anderen Bereich nachhaltig verletzt wird. Der Lehrer hat die Aufgabe dafür zu sorgen, dass **alle** Schüler etwas lernen können. Dafür muss es sich auch der **gesamten Klasse** zuwenden können und kann es sich nicht leisten viel Zeit immer wieder nur mit den häufig störenden Schülern zu verbringen. Die Klasse wird dann Zeuge der immer wiederkehrenden Versuche des Lehrers Streitigkeiten zu schlichten und Ungerechtigkeiten zu korrigieren. Die langfristig schwerwiegendere Ungerechtigkeit besteht darin, dass der Rest der Klasse zuwenig Aufmerksamkeit und Unterricht bekommt.

Der Lehrer steckt zunächst in einem Dilemma: was er auch tut, es hat negative Konsequenzen. Er verfolgt das Prinzip der Gerechtigkeit. Dies ist richtig und gut, es gibt keine Alternative zu diesem Prinzip, der Lehrer kann nicht davon abweichen. Welche Möglichkeit bleibt, um in der Klasse nachhaltig Gerechtigkeit herzustellen? Aus der misslichen Lage kann der Lehrer sich alleine kaum befreien. Es ergibt sich folgendes Bild:

Wenn der Lehrer versucht, Streitigkeiten zu schlichten und nach den tatsächlichen Ursachen und Verursachern zu forschen, dann nimmt er, ohne dies zu wollen, in Kauf, dass der Rest der Klasse in der Zeit keinen Unterricht bekommt. Dies führt dann häufig dazu, dass ein Teil der Schüler sich langweilt und ebenfalls anfängt, durch neue Störungen zur Unruhe beizutragen.

Wenn er auf die Störungen nicht eingeht, dann muss er einen nicht unbeträchtlichen Lärmpegel in Kauf nehmen, der jedes Konzentrationsvermögen der lernbereiten Schüler übersteigt und damit den Unterricht auch verunmöglicht.

Wenn der Lehrer versucht, die Streitigkeiten und Vorwürfe der Ungerechtigkeit zu unterdrücken, dann führt dass zu einer insgesamt gereizten und gespannten Atmosphäre in der Klasse, da alle Schüler Zeuge dieser ungerechten Behandlung werden und auf Gerechtigkeit drängen werden. Schüler, die sich ungerecht behandelt fühlen oder mit ansehen, wie ihre Klassenkameraden ungerecht behandelt werden, sind nicht offen für die Lernangebote des Lehrers, der eine gerechte Aufklärung eines strittigen Vorfalls unterdrückt und Ungerechtigkeiten duldet.

In jedem Fall haben die häufig störenden Schüler es in der Hand den Unterricht zu verunmöglichen. Der Lehrer kann nichts dagegen machen, solange er sich verpflichtet fühlt und dazu verpflichtet wird, zwei Ziele zu verfolgen, die sich gegenseitig ausschließen. **Er kann es nicht schaffen die lernbereiten Schüler zu unterrichten und sich gleichzeitig um die Verhaltensprobleme der störbereiten Schüler zu kümmern.** Aus diesem Dilemma müssen die Lehrer sich gegenseitig befreien, indem sie ihre Arbeit in zwei Bereiche aufteilen und Zusammenarbeit vereinbaren. Der Lehrer in der Klasse unterrichtet die lernbereiten Schüler. Der Lehrer im Trainingsraum arbeitet mit den störbereiten Schülern an dem problematischen Sozialverhalten. Die Zusammenarbeit der Lehrer besteht darin, dass sie sich über die störenden Schüler austauschen und diese in die Verantwortung nehmen.

Lehrer als Vorbild im Sozialverhalten

In den meisten Kollegien ergibt sich zum Thema "Lehrer als Vorbild im Sozialverhalten" sowohl Zustimmung als auch Skepsis. Diejenigen, die zustimmen, sind der Meinung, dass es zumindest so sein sollte, dass der Lehrer ein gutes Vorbild für die Schüler ist. Diese Vorbildrolle des Lehrers wird aber eher als allgemeine Forderung verstanden und nicht direkt auf die eigene Person bezogen. Vorbildsein kann man in diesem allgemeinen Sinne nur dann, wenn man eine Sache besonders gut beherrscht und als Beispiel zur Nachahmung dienen kann. Auch die Skeptiker verstehen das Vorbildsein im Sinne der Verkörperung eines Ideals und argumentieren, dass sie einen derart hohen Anspruch nicht durchhalten könnten und dies auch nicht wollen.

Ob jemand ein Vorbild für etwas sein kann, hängt unter dieser Perspektive davon ab, ob er eine Sache besser macht als die meisten anderen. Kurz gesagt: Vorbildsein heißt besser, perfekter sein. Der Beste ist das größte Vorbild. Dieser Perspektive liegt ein Vergleich mit einer Norm zugrunde. Man vergleicht eine objektiv messbare oder sozial eingeschätzte Leistung mit der von anderen. Wenn ein Fußballer mehr Tore schießt als andere, dann kann es sein, dass er zum Vorbild für die Fußballjugend wird, wie es z.B. Ronaldo ist.

Wenn ein Lehrer besser unterrichtet als die meisten anderen Lehrer, dann ist er ein Vorbild im Unterrichten, sowohl für die Schüler als auch für die anderen Lehrer, die weniger gut unterrichten als das Vorbild. Die weniger guten Lehrer müssten sich dann an dem Vorbild orientieren, wenn sie ebenfalls gute Lehrer sein wollen. Diese Idee des Vorbildseins erzeugt innerhalb des Kollegiums Probleme: Neid, Konkurrenz und Einzelkämpfertum sind vorprogrammiert, wenn einzelne als vorbildliche Lehrer bezeichnet werden, da dies gleichzeitig bedeutet, dass die anderen Lehrer herabgesetzt werden.

Es besteht noch ein weiteres Problem. Soziale Normen sind vielschichtig. Solange feste, objektiv messbare Normen fehlen, kann jede/r für sich reklamieren der/die bessere Lehrer/in zu sein. Man kann sich trefflich streiten, welche Pädagogik im allgemeinen und welcher Pädagoge im besonderen die besseren Resultate erbringt. Im Sport ist das häufig anders. Dort lässt sich leicht ermitteln, wer der Beste ist, da es anerkannte Regeln und feste Bewertungskriterien gibt: Zeiten, Weiten, Tore und Punkte. Es bestehen anschauliche objektive Bezugsnormen für bestimmte Leistungsaspekte. Diese objektiven Bezugsnormen fehlen in der Pädagogik, da hier vorwiegend ganzheitliche Leistungen beurteilt werden. Es ist nicht so einfach zu messen und genau zu bestimmen, was einen besonders guten Lehrer ausmacht. (Obwohl es mittlerweile viele Erfahrungen zum Ranking von Lehrern gibt.)

Sprechen diese Probleme dafür, auf die Idee zu verzichten, dass ein Lehrer als Vorbild im Sinne eines Ideals dienen soll? Ich meine ja, denn es geht nicht um den besten Lehrer und die beste Lehrerin. Für das Klima im Kollegium ist es wichtiger, dass es viele ganz normale gute menschliche Beziehungen gibt, die nicht auf Höchstleistungen basieren, sondern auf Verläßlichkeit, Höflichkeit, Toleranz, Weitsicht und der Bereitschaft, sich für das Kollegium zu engagieren. Diese Eigenschaften machen gutes Sozialverhalten aus. **Die Lösung von Disziplinproblemen in den Klassen fängt im Lehrerzimmer an**, denn für die Zusammenarbeit im Kollegium sind genau die sozialen Werte und Einstellungen erforderlich, die ein Lehrer den Schülern in der Klasse vermitteln möchte und aus gesetzlicher Sicht auch vermitteln muss. Nicht nur die Kollegen, sondern auch die Schüler messen den Lehrer daran, ob er die sozialen Werte im Umgang mit ihnen und anderen selber einhält.

In diesem Sinn sind Lehrer immer Vorbild, ob sie es wollen oder nicht. Sie sind ein Vorbild für die Bedeutsamkeit und Gültigkeit ihrer eigenen Botschaft. Wenn das, was sie den Schülern beibringen, für die Schüler einen Sinn ergeben soll, dann müssen die Lehrer sich an ihr eigenes Wort halten. Vorbildsein bedeutet, ein Modell oder Beispiel zu sein. Wenn ein Lehrer in der Klasse auf ein gutes Sozialverhalten wert legt, dann muss er selbst mit gutem Beispiel vorangehen und Verantwortung übernehmen. Solange wie es in der Klasse keine besonderen Disziplinprobleme gibt, reicht es dazu aus, wenn

der Lehrer gut vorbereitet und gelaunt den Unterricht durchführt, auf gerechte Behandlung der Schüler achtet und sich den
Belangen der Klasse und des Unterrichts widmet. Diesen ein-
fachen Fall gibt es sicher auch, aber nicht immer. Was ist,
wenn es schwerer wird? Wie kann der Lehrer ein gutes Beispiel
für soziales Verhalten sein, wenn es in der Klasse Disziplinprobleme gibt?

Da diese Disziplinprobleme nicht nur einzelne, sondern sehr
viele Lehrer berühren, ergibt sich die Notwendigkeit im gesamten Kollegium darüber zu beraten, wie man das Thema gemeinsam angehen sollte. An dieser Stelle der Diskussion ergibt sich
oft eine praktische Hürde. Zu der Erkenntnis, dass Disziplinprobleme im Unterricht nicht nur Probleme eines Einzelnen
sind und das gemeinsames Handeln nötig ist, gelangen viele
Kollegien. Es entstehen Diskussion über die konkreten Maßnahmen, die gemeinsam ergriffen werden sollen. Aber oft ver-
sackt der Schwung in der Diskussion, wenn es um die Frage
von Individualität oder Einheitlichkeit geht. Die Vertreter der
Einheitlichkeit argumentieren, dass es nötig sei, dass alle Kollegen auf eine festgelegte Art und Weise mit den Disziplinpro-
blem umgehen ("wir müssen ab jetzt alle darauf achten, dass
....."). Die Vertreter der Individualität sehen dadurch ihre persönliche Handlungs- und Entscheidungsfreiheit beeinträchtigt.
Es kommt dann zu vagen Beschlüssen, die kaum überprüfbar
sind und regelmäßig versanden.

Die Lösung des scheinbaren Widerspruchs besteht darin, zu
erkennen, dass beide Anliegen - Individualität und Einheitlichkeit - berechtigt sind und sich nicht ausschließen müssen,
wenn es gelingt, zwei logische Ebene zu unterscheiden. Die
Einheitlichkeit des Kollegiums muss auf einer generellen Ebene
festgeschrieben und durch eine feste Struktur repräsentiert
werden, die Individualität des Lehrerhandelns muss im Rahmen der generellen Vorgaben gewährleistet bleiben. Beides ist
unbedingt nötig: der gemeinsame Rahmen und die persönliche
Ausgestaltung. Innerhalb des Programms ergibt sich der ge-

meinsame Rahmen durch die Institution des Trainingsraums und durch den Ablauf von Ermahnung, Planerstellung und Besprechung sowie durch die Erstellung des Lehrerplans.

Um in der Klasse ein gutes Sozialverhalten zu zeigen, ist es für den Lehrer wichtig, dass er es in der Klasse strikt vermeidet, sich mehr als nötig in einen Streit verwickeln zu lassen. Woran erkennt man einen Streit? Ein Streit zwischen Lehrer und Schüler besteht immer dann, wenn beide im Bezug auf eine Sache eine unterschiedliche Vorstellung beharrlich durchsetzen wollen und eine emotionale Betroffenheit besteht. Der Lehrer sagt z.B. : "Ich habe dich jetzt schon dreimal ermahnt, du bist jetzt bitte endlich ruhig!" und der Schüler ist nicht bereit, ruhig zu sein. In der Klasse wird das Streitphänomen zu leicht nur auf Streitigkeiten zwischen Schülern bezogen. Häufig ist auch der Lehrer daran beteiligt.

- Wenn der Lehrer sich zu lange und zu intensiv in einen Streit mit einem Schüler verwickeln lässt, verliert er den Kontakt zum Rest der Klasse und er wird regelmäßig mit emotional belastenden und schwer lösbaren Aufgaben konfrontiert:

- Der Lehrer kann auf das Einlenken und Mitmachen eines verweigernden Schülers nicht ewig warten und er kann es nicht erzwingen.

- Er ist darauf angewiesen, dass der Schüler einlenkt, weil er sonst nicht weiter unterrichten kann.

- Er kann den Schüler nicht einfach vor die Klassentür schikken, weil er die Aufsichtspflicht hat.

Zum Streit zwischen Lehrer und Schüler kommt es häufig, wenn ...

- einzelne Schüler sich selbst mehr Durchsetzungsfähigkeit zutrauen als dem Lehrer. Diese Schüler glauben, dass sie es schaffen können, in der Klasse den Ton anzugeben.
- der Lehrer in seinen Entscheidungen wechselhaft ist und keine klare Linie erkennen lässt. Schüler sind sehr sensibel für ungleiche Behandlung durch den Lehrer und fordern dann umgehend lautstark Gerechtigkeit ein.
- bereits andere Schüler den Unterricht stören. In jeder Klasse wetteifern einige Schüler mit den anderen Störern um den Rang als mutigster und dominantester Störer. Andere nutzen die Gelegenheit Unsinn zu machen ohne entdeckt werden zu können, da sie sich immer wieder leicht in der Gruppe der Störer verstecken können.
- das Unterrichtsthema oder der Arbeitsauftrag nicht in einen übergeordneten Sinnzusammenhang eingebettet ist. Die Schüler haben keine Lust sich bei Sachen zu engagieren, deren Sinn sie nicht erkennen. Da sie nicht bei der Sache sind, kommt das Motiv sich zu unterhalten und "Action" zu machen in den Vordergrund. Einige Schüler fangen an zu stören und provozieren.

Um in der Klasse ein gutes Sozialverhalten zu zeigen, ist es für den Lehrer auch wichtig, dass er es vermeidet, selber Streit anzufangen. Insbesondere muss er sich jeglicher zynischer oder abwertender Bemerkungen oder Unterstellungen enthalten. Bekanntlich tun dies nicht alle Lehrer. Es kommt bei einigen Lehrern vor, dass sie Schüler vor der gesamten Klasse mit abfälligen Bemerkungen bedenken. Diese Lehrer haben kein erkennbares Problembewusstsein und verteidigen das Vorgehen im Kollegium damit, dass der betroffene Schüler schon genau wisse, wie es "richtig" gemeint sei.

Der Lehrer muss wissen, dass die Klasse sich an seinem Vorbild orientieren wird: zynische Sprüche, Beleidigung und

Herabsetzungen des Selbstwertgefühls anderer sind für alle erlaubt, wenn der Lehrer es vorgemacht hat. Der betroffene Schüler wird in der Klasse für die anderen Schüler zum Ärgern freigegeben.

Sollte es der Fall sein, dass Schüler im Trainingsraum gehäuft über solche Vorfälle berichten, dann wird dies ernst genommen und in einem kollegialen Gespräch problematisiert. Schüler haben ein Recht auf respektvolle Behandlung durch den Lehrer. Dies wird ihnen im Lehrerplan garantiert.

Vertrauen

Einige der Schüler, die im Unterricht häufig stören, haben bislang sehr oft die Erfahrung gemacht, dass Erwachsene sich nicht an ihr Wort halten. Dies gilt für Versprechungen genauso wie für Verbote und Androhungen von negativen Konsequenzen. Diese Schüler gewinnen die Einsicht, dass es normal ist, etwas zu sagen und sich dann nicht daran zu halten. Sie orientieren sich an den Verhaltensregeln der Erwachsenen und können aufgrund ihrer Erfahrung für sich schlüssig begründen, dass es nicht nötig ist, sich an Regeln und Absprachen zu halten.

Sie machen regelmäßig die Erfahrung, dass Ge- und Verbote dazu da sind, umgangen zu werden. Eine Regel wird dann in dem rein zeitlichen Sinne verstanden, also als das, was regelmäßig immer wieder vorkommt: nämlich leere Versprechungen und Drohungen. Sobald Schüler, die in solchen Umfeldern leben, diese Art von Regelmäßigkeit als Prinzip verinnerlicht haben, ist es schwer in der Schule ein neues Regelverständnis glaubhaft zu präsentieren.

Trotz der Schwierigkeit kann eine Schule nicht darauf verzichten. Das neue Regelverständnis beinhaltet, dass Regeln dazu dienen Schutz, Gerechtigkeit und gegenseitige Rücksichtnahme sicherzustellen. Diese Werte leben davon, dass sie beständig gelebt werden. Die Schüler werden die Lehrer, die in diesem Sinne für Regeln eintreten, zuerst daran messen, wie viele Ausnahmen und Spezialfälle sie zulassen. Die Ausnahmen von der Regel sollten nicht mehr als 5% aller Fälle betragen, damit die Regel nicht beschädigt wird und als solche zu erkennen bleibt. Der Schüler, der Regeln bislang als Synonym für immer neue Ausnahmen kennengelernt hat, wird intensiv prüfen, ob die Erwachsenen nicht schon wieder versuchen, etwas als beständig und sinnvoll darzustellen, was eigentlich nur dazu da ist, den Erwachsenen selbst Vorteile zu verschaffen. Die häufig störenden Schüler prüfen, ob die Lehrer das was sie sagen, selbst ernst nehmen, ob sie verlässlich sind, oder ob sie, genau wie die meisten Erwachsenen vor ihnen, nur hohle Sprüche machen.

Der störende Schüler soll die Gewissheit haben, dass jemand da ist, der ihm ernsthaft die Regeln und den Sinn der Regeln erklärt, wenn der Schüler dies möchte. Er muss in der Schule die Erfahrung machen, dass die Lehrer ihm gegenüber ihr Wort halten und verlässlich auf die Einhaltung der sozialen Regeln achten. Dann erst macht es für den Schüler Sinn zu glauben, dass diese neuen Regeln auch Bestand haben und das es sich lohnt, sich daran zu halten. Erst wenn die Lehrer ihre Verläßlichkeit unter Beweis gestellt haben, wird der störende Schüler ihnen glauben. Aufgrund der häufigen negativen Vorerfahrungen im Bereich Verläßlichkeit sind die problematischen Schüler sehr skeptisch und lassen sich nicht mit Worten allein überzeugen, sondern werden die Lehrer daran messen, ob sie sich an ihre Ankündigungen halten. Dies müssen die Lehrer wissen. Die Lehrer stehen ebenso auf dem Prüfstein der häufig störenden Schüler wie umgekehrt. Besteht der Lehrer die Prüfung bei den Schülern, so verleihen diese ihm Autorität und Einflussmöglichkeit. Wird die Prüfung nicht bestanden, ergeben sich Respektlosigkeit und Hilflosigkeit.

Gegenseitige Verläßlichkeit bedeutet, dass sowohl Lehrer als auch Schüler sich an das halten, was sie sich gut durchdacht zugesichert haben. **Vertrauen** heißt, dass die Zusagen auch dann Gültigkeit haben, wenn sie nicht direkt überwacht werden. **Engagement für die Gemeinschaft** grenzt den Bereich ein, für den gegenseitige Zusagen erwartet werden können. Es müssen gemeinschaftsdienliche Ziele und konkrete Aufgaben festgelegt werden. Diese gemeinschaftsdienlichen Ziele und Aufgaben betreffen die Klassenatmosphäre, den Umgangston und die Verhaltensweisen in der Schule sowie die Gestaltung und Pflege des Klassenraums und der Materialien.

3.3 Die Bestandteile und Abläufe der Programmdurchführung

Im folgenden werden die konkreten Verfahrensweisen dargestellt, die in der Summe dazu führen, dass man die oben dargestellten Prinzipien einhält. Während die allgemeinen Ziele (siehe 3.1) sowie die Prinzipien (siehe 3.2) aufgrund ethischer und pädagogischer Einsichten, Erfahrungen und Überzeugungen feststehend sind, ist es durchaus denkbar, dass aufgrund veränderter Erfahrungen Verbesserungen im Bereich der konkreten Verfahrensweisen entwickelt werden. Aufgrund der vielen Verbesserungen seit 1996 kann jedoch gesagt werden, dass die vorgestellte Verfahrensweise robust und zuverlässig funktioniert, wenn man sie einhält. Jede Veränderung konkreter Verfahrensweisen muss daran gemessen werden, ob sie besser oder schlechter in der Lage ist, die übergeordneten Ziele zu erreichen.

Gelegentlich wird von Lehrern, die vor der Einführung des Programms stehen, die Befürchtung geäußert, das Programm greife zu stark in den persönlichen Erziehungs- und Unterrichtsstil der einzelnen Lehrkräfte ein. Diese Befürchtung wird durch die praktischen Erfahrungen glücklicherweise nicht bestätigt. Jede/r Lehrer/in behält seinen/ihren persönlichen Stil. Die Arbeit mit dem Programm erfordert allerdings Konsens darüber, dass man die Schüler bei einer Störung respektvoll ermahnen muss, ihnen eine Möglichkeit zum Einlenken gewährt und die Rückkehrpläne bespricht. Wann ein Lehrer sich gestört fühlt, empfindet er natürlich selbst. Dabei muss er für sich und die Schüler klarstellen, welche Regeln und Vorlieben bei ihm Gültigkeit haben. Außerdem müssen seine Regeln und Vorlieben pädagogisch sinnvoll begründet sein.

Gedankliche Vorbereitung der Lehrer

Ein wesentlicher Schritt bei der Programmeinführung ist die gedankliche Vorbereitung der Lehrer. Es ist wünschenswert, dass im Kollegium ein einheitlicher Kenntnisstand über Hintergründe und Durchführung erreicht wird. Es gibt vier Materialien, die den nötigen Diskussionsprozess innerhalb des Kollegiums stützen. Dies sind die Arbeitsblätter: "Ideen des Trainingsraum-Programms", "Durchführung des Trainingsraum-Programms", der "Lehrerplan" und "Argumente und Gegenargumente".

Die Ideen des Trainingsraum-Programms

Jeder Lehrer soll die folgenden Fragen zu den Ideen des Trainingsraum-Programms beantworten. Die Antworten können dann unter den Kollegen verglichen und besprochen werden. Bei Fragen, die mit "eher nein" bzw. "nein" beantwortet werden, sollen die Antworten schriftlich begründet werden. Kritik soll stets respektvoll und konstruktiv vorgetragen werden. Die Fragen sollen auf dem Arbeitsblatt beantwortet werden, welches Bestandteil der Materialien ist. Das Arbeitsblatt hat folgenden Inhalt:

Gemeinsames Ziel des Kollegiums:

Jede/r Schüler/in soll die Möglichkeit erhalten seine persönlichen Fähigkeiten im sozialen Miteinander bestmöglich zu entwickeln. Gegenseitiges respektvolles Verhalten und demokratisches Denken und Handeln bilden die Grundlage für den Umgang in der Schule.

Ich akzeptiere diese Ausführung: ja ☐ eher ja ☐ eher nein ☐ nein ☐

Pädagogische Prinzipien:

Gerechtigkeit

Der Lehrer hat die Aufgabe in der Klasse guten Unterricht zu ermöglichen. Er muss die lernbereiten Schüler vor störbereiten Schülern schützen. Es wäre ungerecht gegenüber den lernbereiten Schülern, wenn der Lehrer immer wieder einen Großteil seiner Anstrengungen darauf verwendet, in der Klasse mit störenden Schülern erfolglos um Ruhe zu verhandeln. Daher gilt auch die Regel, dass in der Klasse keine Diskussion um eine ausdrückliche Ermahnung des Lehrers erlaubt ist. Kritik an Lehrerentscheidungen muss außerhalb des Unterrichts vorbereitet werden.

Ich akzeptiere diese ja ☐ eher ja ☐ eher nein ☐ nein ☐ Ausführung:

68

Disziplin

Es geht darum die Ordnung einzuhalten, die sich aus der inneren Notwendigkeit des Unterrichtsstoffes ergibt. Der Lehrer gibt dazu die aus sachlichen Gründen angemessenen Arbeitsphasen vor: Stillarbeit, Kleingruppenarbeit, Frontalunterricht, Projektarbeit, usw. In jeder Arbeitsphase sind andere Freiheiten im Verhalten möglich. Eine normale Arbeitsunruhe ist genauso erlaubt, wie kreative, ideenreiche Beiträge zur Sache.

In der Klasse muss der Schüler bereit sein, einen Teil seiner persönlichen Freiheit aufzugeben, um dadurch ein positives Gruppenergebnis in der Klasse zu ermöglichen, zu vergrößern und/oder daran teilhaben zu können.

Der Schüler/ die Schülerin befolgt die Anweisung des Lehrers nicht weil er sich dem Lehrer als Person unterwirft, sondern weil er die Idee akzeptiert, die der Regel zugrunde liegt. Die Idee lautet: Es ist nötig Regeln zu befolgen, da sonst in der Klasse nicht gelernt werden kann. Ohne Bereitschaft zur Einhaltung von Regeln gibt es keine Gerechtigkeit.

Ich akzeptiere diese
Ausführung: *ja* ☐ *eher ja* ☐ *eher nein* ☐ *nein* ☐

Gruppenfähigkeit

Innerhalb der Klasse muss der Schüler dazu bereit sein, seine eigenen Interessen vor den Interessen der Gruppe zurückzustellen, wenn dies erforderlich ist.

Ich akzeptiere diese *ja* ☐ *eher ja* ☐ *eher nein* ☐ *nein* ☐
Ausführung:

Eigenverantwortlichkeit

Jede/r muss die Verantwortung für seine Entscheidungen und Handlungen übernehmen. Er/sie muss nicht die Verantwortung für die Entscheidungen und Handlungen anderer übernehmen. Es geht darum, für den "eigenen Anteil" an einem Ereignis die Verantwortung zu übernehmen.

Ich akzeptiere diese Ausführung: *ja ☐ eher ja ☐ eher nein ☐ nein ☐*

Strafe versus Pflicht

Wenn ein Schüler nicht bereit ist, nach einer ausdrücklichen Ermahnung durch den Lehrer einzulenken, dann erhält er folgende Aufgabe: er wird aufgefordert die Klasse zu verlassen, in den Trainingsraum zu gehen, sich dort an die Regeln zu halten, einen Rückkehrplans zu erstellen, auf der Grundlage des Rückkehrplans eine überprüfbare Vereinbarung mit dem Lehrer zu treffen und diese einzuhalten.

Diese Aufgabe kann vom Lehrer nicht im Sinne einer persönlichen Bestrafung mit dem Zweck der Rache oder Erniedrigung des Schülers gegeben werden, da dies leicht das nötige Vertrauensverhältnis belasten würde und auch zu Ungerechtigkeiten führen würde, da "Sorgenschüler" weniger Bestrafungen erfahren als "Ablehnungsschüler". Die Aufgabe soll im Sinne einer Pflicht gegeben werden, die dazu dient, dass der Schüler ein offensichtliches Problem - mangelnde Einsicht in die Notwendigkeit sich an Regeln zu halten - unter fachlich kompetenter Hilfe bearbeiten kann. Die Aufgabe soll mit dem Ziel gegeben werden, dass der Schüler einen Rahmen erhält, in dem er seine sozialen Kompetenzen verbessern kann.

70

Ich akzeptiere diese
Ausführung: *ja* ☐   *eher ja* ☐   *eher nein* ☐   *nein* ☐

Lehrer als Vorbild

Der Lehrer ist bereit sich in der Klasse an abgesprochene Regeln zu halten. Bestehende Zusagen an die Klasse und einzelne Schüler müssen eingehalten werden. Dadurch ergibt sich Verlässlichkeit und Vertrauen als Basis für ein gutes Klassenklima. Der Lehrer weiß, dass er in der Klasse ein wichtiges Vorbild für das Sozialverhalten darstellt. Die Schüler müssen sich am Lehrer orientieren können. Der Lehrer ist bereit, im Fall eines nicht respektvollen Verhaltens gegenüber Schülern sich bei diesen zu entschuldigen.

Ich akzeptiere diese
Ausführung: *ja* ☐   *eher ja* ☐   *eher nein* ☐   *nein* ☐

Name: *Datum:*

Im nächsten Arbeitsblatt sollen bei allen Lehrern eventuelle Verständnisfragen und die Bereitschaft zur Durchführung des Programms erfasst werden. Die Antworten auf die nachfolgend dargestellten Verständnisfragen ergeben sich aus den jeweiligen Beschreibungen im Buch. Ein Überblick über den gesamten Ablauf des Programms wird auf den Seiten 84 und 85 dargestellt.

Verständnis der Durchführung

Haben Sie die Durchführung des Trainingsraum-Programms verstanden?

ja ☐   nein ☐

Mir ist folgendes unklar:

Bereitschaft zur Durchführung

Sind Sie bereit, der Klasse die pädagogischen Vorstellungen schriftlich mitzuteilen, die ihnen besonders wichtig sind und auf deren Einhaltung sie achten werden?

ja ☐   nein ☐

Sind Sie bereit, die Rückkehrpläne der Schüler/innen zu lesen und eine Vereinbarung mit dem Schüler bzw. der Schülerin zu treffen?

ja ☐   nein ☐

Sind Sie bereit, gegenüber Schüler/innen auf Beleidigungen und ähnliche unrespektvolles Verhalten zu verzichten?

ja ☐   nein ☐

Sind Sie bereit am Trainingsraum-Programm teilzunehmen?

ja ☐   eher ja ☐   eher nein ☐   nein ☐

Bitte erstellen Sie den Lehrerplan, wenn Sie mit "ja" bzw. "eher ja" geantwortet haben. Bitte begründen Sie hier ihre jeweilige Entscheidung, wenn Sie bei einer oder mehreren Fragen mit "eher nein" bzw. "nein" geantwortet haben.

Name: Datum:

Falls keine Verständnisfragen mehr vorliegen und die Bereitschaft zur Durchführung des Programms besteht, kann jeder
Lehrer seinen Plan erstellen.

Lehrerplan

Lehrerplan von   *Klasse*

*(Bitte beschreiben Sie für die Klasse ihre Vorstellungen und
geben Sie ggfls. pädagogische Begründungen dazu.
Die "drei Regeln" - 1. Jede/r Schüler/in hat das recht ungestört
zu lernen, 2. Jede/r Lehrer/in hat das Recht ungestört zu unterrichten und 3. Jede/r muss die Rechte des anderen respektieren - sind verbindlich für alle.)*

Ich lege in meiner Klasse großen Wert darauf, dass:

*Vereinbarungen aufgrund der gemeinsamen Diskussion in
der Klasse:*

Lehrer/in   *Klassensprecher/in*   *Datum*

Zunächst soll die Aussage: *"Ich lege in meiner Klasse großen
Wert darauf, dass..."* ausgeführt werden. Diese persönlichen
Wertvorstellungen sollen im Entwurf unter den Kollegen und
Kolleginnen diskutiert werden. Erfahrungsgemäß ergibt sich
eine breite Übereinstimmung. Anschließend soll zusammen
mit den Schülern in der Klasse erarbeitet werden, welche Ideen
noch mit aufgenommen werden können. Die fertigen Lehrerpläne sollen dann in der Klasse, bei den Eltern und den Kollegen bekannt gemacht werden. Die Lehrerpläne sollen in der
Klasse ausgehängt werden.

Der Trainingsraum

Es hat praktische Vorteile, wenn der Trainingsraum in einem möglichst ungestörten Klassenraum in der Nähe des Lehrerzimmers eingerichtet werden kann. Es empfiehlt sich, die Tische einzeln zu stellen. Im Trainingsraum sollen die Regeln für den Trainingsraum deutlich sichtbar ausgehängt werden. Diese Regeln werden auf Seite 104 benannt. Es ist nötig, die vom Schüler erstellten Pläne im Trainingsraum zu kopieren und ein Exemplar zusammen mit dem entsprechenden Infozettel in einem Klassenordner abzulegen. Weiterhin muss ein Mitteilungsbuch über besondere Vorkommnisse, ausdrückliche Ermahnungen und Verweise aus dem Trainingsraum geführt werden. Dies kann eine normale Kladde oder ein Ringbuchordner sein. Erinnerungskarten für die Schüler müssen bereit liegen.

Es wird häufig gefragt: wie lässt sich der Trainingsraum (möglichst) während der gesamten Unterrichtszeit besetzen? Die Antwort: die Schulen besetzen den Trainingsraum durch schulinterne Umorganisation, es sei denn, es gelingt, die Stunden durch zusätzliche Mittel von außen einzuwerben. Dies ist durchaus möglich, wenn eine Unterstützung durch die Schulaufsicht gewährleistet ist. Allerdings und glücklicherweise ist die Klärung der Besetzung erst die zweite Frage, welche die Schulleitung sich stellen muss. Die **erste Frage** ist eine Frage, die das gesamte Kollegium sich gemeinsam stellen und beantworten muss. Es ist die Frage, ob man das Programm haben möchte, oder ob es einen besseren (billigeren und/oder wirksameren) Weg gibt, um das zu erreichen, was man sich durch das Trainingsraum-Programm erhofft. Wenn mehr als 2/3 der Lehrer der Meinung sind, dass es keine Alternative zu dem Programm gibt, dann ist eine ausreichend große Bereitschaft dafür da, den Trainingsraum durch schulinterne Umorganisation zu besetzen. In den meisten Schulen liegt die Zustimmungsquote noch deutlich darüber. Das Kollegium unterstützt dann die Schulleitung in der Frage der Umorganisation. Die Stunden sollten eins zu eins gerechnet werden, da die Arbeit im Trainingsraum für die ganze Schule eine hohe Bedeutung hat, Vor- und Nachbereitung (u.a. Beiratssitzungen und Elterngespräche) beinhaltet und mitunter sehr anstrengend sein kann.

Das Team der Trainingsraumlehrer

Die Arbeit im Trainingsraum besitzt im Kollegium eine sehr hohe Akzeptanz und alle Kollegen profitieren davon. Die Arbeit im Trainingsraum soll bestmöglich durch ein Team von 4-6 Personen geleistet werden. Diese Teamgröße empfiehlt sich, da die Gruppe sonst leicht unübersichtlich wird, die Übergaben zu häufig sind und die Schüler keine kontinuierlichen Ansprechpartner dort finden. Es ist wichtig, dass innerhalb des Teams gute mitmenschliche Beziehungen bestehen und dass es eine große Übereinstimmung in den Ideen zum Trainingsraum-Programm gibt, damit Richtungskämpfe vermieden werden. Erfahrungsgemäß tendieren größere Schulen aus technischen Gründen zu größeren Teams. Aus inhaltlichen Gründen empfiehlt sich ein überschaubares und übereinstimmendes Team.

Die Personen, die im Trainingsraum arbeiten, sollen folgende Voraussetzungen erfüllen: erstens hohe Akzeptanz bei Kollegen und Schülern und zweitens ein Verständnis von Hilfe, bei dem es um die Vermittlung von sozial- und eigenverantwortlichem Denken und Handeln geht. Eine sinnvolle Hilfe besteht dann, wenn der Schüler aus dem, was der Lehrer sagt und tut, entnehmen kann, wie man sich anderen gegenüber verantwortlich verhält. Einfache Leitsätze wie: "Was du nicht willst, was man dir tu, das füg auch keinem anderen zu", das Motto von Maria Montessori "Hilf mir, es selbst zu tun" und der kategorische Imperativ von Kant: "Handle nur nach derjenigen Maxime, durch die du zugleich wollen kannst, dass sie ein allgemeines Gesetz werde" sind Beispiele für dieses Verständnis. Es kommt bei verantwortlichen Entscheidungen und Handlungen darauf an, nicht nur an sich selbst, sondern auch an die anderen Beteiligten zu denken. Und es geht darum, auch an die möglicherweise ungewollten Nebenwirkungen zu denken. Die Leitfrage lautet hier:

Führt das, was du tust, zu dem, was du erreichen willst?

Unter dem beschriebenen Verständnis ist es keine sinnvolle Hilfe, wenn man immer wieder versucht, für einen anderen dessen Aufgaben zu lösen. Dies kann zwar im Einzelfall eine wichtige und sinnvolle Hilfe sein, nicht jedoch im Regelfall, da der Schüler dann wenig Nutzen in der Entwicklung eigener Initiative erkennt. Es ist zu bedenken, dass Schüler für ihr Selbstwertgefühl nur von selbstverursachten Erfolgen profitieren. Es ist keine gute Hilfe, den Schülern die Chance für solche Erfolge zu nehmen.

Falls die genannten Voraussetzungen vorliegen, ist es durchaus möglich, dass Personen, die keine Lehrer sind, im Trainingsraum arbeiten. In erster Linie ist dies für Schulsozialarbeiter oder -pädagogen denkbar.

Alle, die im Team der Trainingsraumlehrer mitarbeiten, sollen dieses Buch gelesen und Fragen diskutiert haben. Es ist auch hilfreich mit bereits erfahrenen Lehrern über deren Arbeit im Trainingsraum zu reden.

Elterninformationen und Elternmitwirkung

Den Eltern soll auf einer Informationsveranstaltung der Sinn und die Durchführung des Programms erläutert werden. Im

76

Mittelpunkt stehen die Aspekte der Qualitätssicherung der pädagogischen Arbeit, die Pflege der Klassengemeinschaft und die Idee des gegenseitigen respektvollen Umgangs. Weiterhin empfiehlt es sich, die Eltern in einem Brief über die wesentlichen Bestandteile des Programms zu unterrichten. Dabei werden die Eltern ausdrücklich auch auf ihre im Rahmen des Programms bestehende Pflicht hingewiesen. Diese besteht darin, an einem Beratungsgespräch teilzunehmen, wenn der Sohn oder die Tochter aufgrund von Regelverstößen nach Hause geschickt wurde. Der Musterbrief für die Elterninformation enthält folgenden Wortlaut:

Brief zur Elterninformation

Briefkopf der Schule

Sehr geehrte Eltern,
an der .... Schule in .... (bzw. unserer Schule) wird das Trainingsraum-Programm eingeführt (bzw. wird seit .... durchgeführt), welches sich schon in vielen Schulen (bzw. an unserer Schule) sehr gut bewährt hat. (Bzw. Auch) wir erhoffen uns (bzw. weiterhin) von der Durchführung des Programms .... (bzw. tragen Sie ein, was Sie sich erhoffen bzw. übernehmen Sie den Halbsatz:) eine Entspannung des Klassen- und Schulklimas und mehr Spaß und Erfolg für alle Schülerinnen und Schüler.

Die Hauptidee des Trainingraum-Programms besteht darin, dass alle Schülerinnen und Schüler, die den Unterricht häufiger stören, verantwortliches Denken und Handeln in einem besonderem Raum – dem Trainingsraum – unter Anleitung eines Lehrers vorbereiten können. Sie können hier in Ruhe über ihr Verhalten nachdenken. Sie habe so eher die Möglichkeit einzusehen, dass ihr häufiges Störverhalten auch die

Rechte der anderen Schüler und Schülerinnen beeinträchtigt. Alle, auch sie selbst, sollen lernen, die Klassenregeln einzuhalten. Sobald ein Schüler oder eine Schülerin gelernt hat, verantwortlich für sich und andere zu handeln, kann er/sie mit dieser neuen Fähigkeit auch zu Hause und in der Freizeit Probleme besser bewältigen.

*Beachten Sie bitte besonders Folgendes: **Falls ein Kind auch im Trainingsraum wiederholt stört, muss es aus der Schule abgeholt werden** bzw. es wird auch vor Unterrichtsende nach Hause geschickt. Wir würden die betroffenen Eltern mit dem Schüler dann zu einem Gespräch am darauffolgenden Unterrichtstag bitten, in dem wir gemeinsam dieses Problem besprechen. Der Schüler darf erst **nach diesem Gespräch** wieder **am Unterricht teilnehmen.** Auf der Rückseite sehen Sie eine Programmbeschreibung für die Schüler. (Auf der Rückseite dieses Elternbriefes muss die "Information über das Trainingsraum-Programm für den Schüler" erscheinen, s.u.). **Bitte lesen Sie diese Information sorgfältig durch und bestätigen Sie durch Ihre Unterschrift die Kenntnisnahme.***

Auf Wunsch können Sie sich im persönlichen Gespräch über dieses Programm informieren lassen. Zu diesem Gespräch stehen Ihnen die Klassenlehrerteams sowie die Schulleitung nach Terminabsprachen zur Verfügung. Sie finden weiterhin Informationen in dem Buch "Die Spielregeln im Klassenzimmer", Karoi-Verlag, Bielefeld.

Unterschrift des Vaters   der Mutter

Die Eltern sollen die Kenntnisnahme des Briefs durch ihre Unterschrift bestätigen. Diese Bestätigung muss auf dem üblichen Weg eingefordert werden.

Die Erfahrung und Befragungsergebnisse zeigen, dass die allermeisten Eltern die Initiative der Schulen begrüßen, wenn und weil sie den Eindruck haben, dass es dadurch in den Klassen zu mehr Schutz, Gerechtigkeit und Spaß beim Lernen kommt. Die Schulkonferenz soll das Trainingsraum-Programm formal zum Bestandteil des Schulprogramms erklären.

Es ist eine generelle pädagogische Erfahrung, dass Kinder sich sehr an den Vorbildern der Eltern orientieren. Eine sinnvolle Zusammenarbeit zwischen Schule und Eltern ergibt sich leichter, wenn die Eltern die pädagogischen Prinzipien der Schule teilen und selbst im Alltag praktizieren. Dann lassen sich konkrete Absprachen zur Verbesserung der Situation des Kindes vereinbaren. Falls die Eltern konträre Prinzipien verfolgen, gilt es in den Beratungsgesprächen für die Prinzipien der Schule zu werben und die Notwendigkeit der Einhaltung in respektvoller Weise darzustellen.

Die Einführung der Regeln in der Klasse

In den Klassen müssen bei der Einführung des Programms die Zielsetzung des Programms und die Regeln bekannt gegeben werden. Dies kann am besten im Rahmen von Klassendiskussionen geschehen, bei denen mit den Schülern erarbeitet wird, welche Regeln sie selbst z.B. vom Fußball kennen. (Infos zu den Fußballregeln sind u.a. unter *www.dfb.de* zu erhalten.) Über die vorhandene Regelkenntnis aus diesem Bereich kann leicht die Notwendigkeit von Regeln für die Klassensituation übertragen werden. An den Regeln für das "Revanchefoul" und die "Diskussion mit dem Schiedsrichter" können wichtige Erkenntnisse für die Klassensituation abgeleitet werden. Beides ist beim Fußball nicht erlaubt und kann im übertragenen Sinn auch in der Klasse nicht erlaubt werden. Sich mit andauerndem Störverhalten gegen andere Störungen zu wehren ist ebenso wenig erlaubt, wie mit dem Lehrer über dessen Ermahnungen zu diskutieren.

In der Klassendiskussion sollen die drei Grundregeln vorgestellt werden: jede Schülerin und jeder Schüler hat das Recht ungestört zu lernen, jede Lehrerin und jeder Lehrer hat das Recht ungestört zu unterrichten und jede/r muss stets die Rechte der Anderen respektieren. Über diese Regeln kann nicht abgestimmt werden, da es keine Alternative dazu gibt. Alle Einzelfälle können mit Hilfe diesen Grundregeln beurteilt werden. In den meisten Fällen können bestehende Klassenregeln subsumiert werden. Es ist sinnvoll, dass zumindest zu Beginn einer Einführungsstunde der Schulleiter, ein Lehrer aus dem Trainingsraum und der Klassenlehrer anwesend sind, um deutlich zu machen, dass das Programm vom gesamten Kollegium durchgeführt wird und nicht nur von einzelnen Lehrern. Den Schülern wird weiterhin die Durchführung des Programms mündlich erläutert. Eine schriftliche Form wird auf der Rückseite des Elterninformationsbriefs abgedruckt. Sie hat folgenden Wortlaut:

Informationen über das Trainingsraum-Programm

für: _____

(Bitte trage Deinen Namen ein)

In deiner Klasse bestehen nun für jede Schülerin und jeden Schüler, also auch für dich, die folgenden Regeln:

*Jeder Schüler und jede Schülerin hat das Recht
ungestört zu lernen.
Der Lehrer und die Lehrerin haben das Recht
ungestört zu unterrichten.
Jeder muss stets die Rechte der Anderen beachten.*

Wenn du diese Regeln auch nach einer ausdrücklichen Ermahnung durch den Lehrer oder die Lehrerin nicht beachtest, dann musst du in den neuen "Trainingsraum für verantwortliches Denken" gehen. Du musst dann sofort dort hingehen, damit die Anderen in der Klasse wieder ungestört lernen können. Solange wie du nicht bereit bist die Klassenregeln zu akzeptieren, musst du dort den Rest der Stunde ohne Gespräche und Ablenkungen in Ruhe verbringen. Sobald du einsiehst, dass die Regeln allen Schülern Schutz bieten und dass sie von allen, auch von dir selbst, eingehalten werden müssen, kannst du dem Lehrer oder der Lehrerin im Trainingsraum sagen, dass du wieder zurück in die Klasse möchtest. Dann musst du dir überlegen, wie du die Regel, die du übertreten hast, zukünftig einhalten willst. Dazu musst du einen Plan aufschreiben, in dem genau steht, was du machen willst, um die Regel einzuhalten. Dabei hilft dir der Lehrer oder die Lehrerin im Trainingsraum, wenn du es möchtest.

Wer in dem Trainingsraum auch nach einer Ermahnung durch den Lehrer oder die Lehrerin, die dort ist, weiterhin stört, muss direkt nach Hause gehen oder sich von einem Elternteil abholen lassen. Dann wird umgehend ein Termin für ein Beratungsgespräch mit deinen Eltern vereinbart.

Ein gemeinsamer Besuch der Klasse im Trainingsraum soll die Schüler mit dem Raum und dem Verfahren vertraut machen.

Die Durchführung des Programms besteht aus einer Reihe von Entscheidungspunkten und festgefügten Abläufen. Zentrale Bestandteile des Programms sind die ausdrückliche Ermahnung, der "Trainingsraum für verantwortliches Denken", das Rückkehrgespräch, die Vereinbarung des Schülers mit dem Lehrer und die Durchführung von Beratungsgesprächen. Diese Bestandteile sollen nacheinander erläutert werden. In der Abbildung 2 auf Seite 84 sind die Bezüge der einzelnen Bestandteile in einem Flussdiagramm aufgezeichnet. Auf Seite 85 sind die wesentlichen Bestandteile nochmal in ihrer chronologischen Reihenfolge aufgelistet.

Ausdrückliche Ermahnung, Unterrichtsziel und Unterrichtsfluss

Im folgenden wird unterschieden zwischen einer normalen Ermahnung und einer ausdrücklichen Ermahnung. Eine **normale** Ermahnung bezeichnet das direkte oder allgemeine Ansprechen von Schülern mit der Aufforderung ein Verhalten den bekannten Regeln anzupassen, z.B.: "bitte hör auf mit dem Nachbarn zu reden". Eine normale Ermahnung ist niedrigschwellig. Eine **ausdrückliche** Ermahnung kann für einen Schüler innerhalb einer Schulstunde oder Unterrichtseinheit nur einmal gegeben werden und ist mit bestimmten, festgelegten Folgen verbunden. In der Analogie zu den Fußballregeln ist die ausdrückliche Ermahnung vergleichbar mit der gelben Karte.

Die ausdrückliche Ermahnung wird von einigen mitunter auch als Verwarnung bezeichnet. Wichtig ist in jedem Fall die eindeutige Abgrenzung zu der niedrigschwelligen Ermahnung. Es stellt sich nun die Frage, wann die ausdrückliche Ermahnung gegeben werden soll. Zu Beginn der Stunde muss es für die Klasse klar ersichtlich sein, wann der Unterricht genau beginnt. Nach dem Klingeln ist es zu Recht üblicherweise so, dass die Klasse eine gewisse Zeit zum Sammeln benötigt. Der Lehrer soll nach einer angemessenen kurzen Zeit den lerninhaltlichen Unterrichtsbeginn durch ein festgelegtes, gleichbleibendes Zeichen bekannt geben. Dies ist vergleichbar mit dem Anpfiff beim Fußball. Wenn Schüler auch nach einer normalen Aufforderung nicht bereit sind, sich ruhig zu verhalten, damit das Startzeichen gegeben werden kann, dann muss

82

der Lehrer schon zu diesem frühen Zeitpunkt eine ausdrückliche Ermahnung erteilen. (Auch beim Fußball kann es passieren, dass ein Spieler noch vor Spielbeginn eine gelbe Karte
sieht.) Dann treten genau die Folgen ein, die sich ergeben,
wenn ein Schüler im laufenden Unterricht eine ausdrückliche
Ermahnung erhält. Dies wird weiter unten erläutert.

Für den weiteren Verlauf der Stunde ist es nötig, dass der
Lehrer ein Kriterium hat, an dem er entscheiden kann, wann
eine ausdrückliche Ermahnung gegeben werden soll. Dieses
Kriterium besteht im Unterrichtsziel und dem Unterrichtsfluss.

Nach dem Unterrichtsbeginn ist es nötig, dass der Lehrer der
Klasse ein **Unterrichtsziel** beschreibt und dieses Ziel in einem
größeren Zusammenhang begründet. Von Antoine de Saint-
Exupery stammt das Zitat: "Wenn du mit anderen ein Schiff
bauen willst, beginne nicht, mit ihnen Holz zu sammeln, sondern wecke in ihnen die Sehnsucht nach der großen, weiten
Welt". Hier kommt die große Bedeutung eines sinnhaften Ziels
für die Bereitschaft zum Mitmachen zum Ausdruck. Allzu
häufig wird von den Schülern verlangt mitzumachen ("Holz zu
sammeln"), ohne das klar ist, wozu das alles gut sein soll. Ein
Unterrichtsfluss kann nur entstehen, wenn die Information
über das weitere Ziel in der Klasse bekannt und von möglichst
vielen akzeptiert ist. Unterbleibt die Bekanntgabe und Ein-
bettung des Ziels, dann entstehen nicht nur motivationale Rei-
bungsverluste, sondern es fehlt dem Lehrer auch das nötige
Kriterium, um schlüssig beurteilen zu können, ob ein Schülerverhalten eine Störung des Unterrichts ist oder nicht.

Wenn der Lehrer herausfinden möchte, ob das Verhalten oder
ein Beitrag des Schülers eine Störung darstellt, dann soll er
beurteilen, ob dieses Verhalten oder der Beitrag mit dazu
führt, das vorher beschriebene Unterrichtsziel zu erreichen.

Wenn das Verhalten oder der Beitrag des Schülers aus der Sicht des Lehrers durch Inhalt und/oder Form eine **deutliche** Störung des Unterrichtsflusses darstellt, dann soll der Lehrer eine ausdrückliche Ermahnung erteilen. Eine normale Arbeitsunruhe ist grundsätzlich zu tolerieren und stellt keinen Anlass für eine ausdrückliche Ermahnung dar.

Die Schüler sollen keineswegs "mundtot" gemacht werden. Um solchen Befürchtungen vorzugreifen, kann ich aufgrund der Rückmeldungen aus Schulen berichten, dass es nicht zu erwarten ist, dass so etwas passieren wird. Im Sinne des Programms soll auf Störungen des Unterrichtsflusses in angemessener Weise reagiert werden. Es soll weder zu stark, noch zu schwach reagiert werden. Hier das richtige Maß zu finden wird eine Sache der Erfahrung bleiben, die Feingefühl, Durchsetzungsvermögen, Überzeugung und Beharrlichkeit erfordert.

Der Lehrer ist nicht verpflichtet, auf jede deutliche Störung zu reagieren, die er wahrgenommen hat. In der Analogie zu den Fußballregeln kann er sich auch dazu entscheiden "Vorteil" für den Unterrichtsfluss gewähren zu lassen. Das bedeutet, dass der Lehrer der Meinung ist, dass eine ausdrückliche Ermahnung dazu führen würde, dass der momentan (noch) vorhandene Unterrichtsfluss durch die Prozedur der ausdrücklichen Ermahnung unnötig unterbrochen würde. Der Lehrer kann bei deutlichen Störungen nur für eine gewisse Zeit Vorteil für den Unterrichtsfluss gewähren lassen, z.B. bis eine Sinneinheit erreicht worden ist. Dann muss er auf die zuvor gesehene deutliche Störung zurückkommen, um zu verhindern, dass der Eindruck entsteht, dass Disziplinlosigkeiten erlaubt seien.

An dieser Vorteilregel wird deutlich, dass der Lehrer sich primär um den Unterrichtsfluss kümmert und nur als Mittel zu diesem Zweck versucht das Sozialverhalten der Schüler nötigenfalls zu korrigieren. *(Weiter im Text auf Seite 86.)*

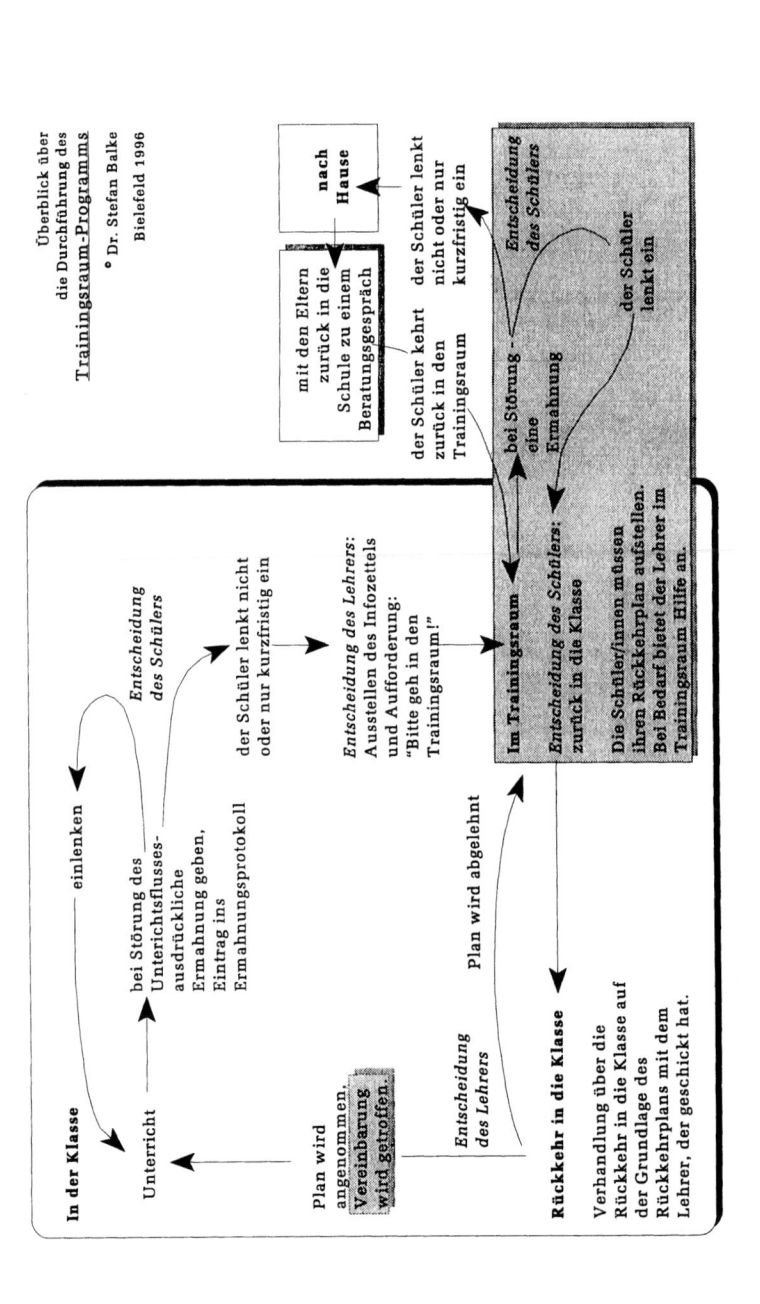

Wesentliche Bestandteile in der chronologischen Abfolge:

Bei Störung des Unterrichtsflusses wird eine ausdrückliche Ermahnung ausgesprochen: *"Ich ermahne dich ausdrücklich. Möchtest du in den Trainingsraum gehen oder in der Klasse bleiben?"*

Eintrag in das Ermahnungsprotokoll.

Wenn der Schüler nicht einlenkt, sagt der Lehrer: *"Bitte geh in den Trainingsraum".*

Der Lehrer füllt den Infozettel für den Trainingsraum aus und gibt den Infozettel dem Schüler mit. Eintrag in das Ermahnungsprotokoll.

Der Schüler geht in den Trainingsraum.

Er gibt den Infozettel im Trainingsraum ab.

Er nimmt er sich ein Formular für den Rückkehrplan.

Bei Entscheidung für die Rückkehr in die Klasse, Ausarbeitung eines Rückkehrplan für den Lehrer, der geschickt hat.

Der Schüler bespricht Rückkehrplan mit dem Lehrer im Trainingsraum, wenn er im Trainingsraum an der Reihe ist.

Ggfls. Verbesserung des Rückkehrplans durch den Schüler.

Wenn der Rückkehrplan die Kriterien erfüllt, dann darf der Schüler zurück in die Klasse gehen.

Bei der Rückkehr in die Klasse darf der Schüler nicht erneut stören, wenn er dies dennoch tut, muss er direkt zurück in den Trainingsraum.

Der Schüler muss mit der Besprechung des Rückkehrplans warten, bis der Lehrer Zeit dafür hat.

Prüfung des Rückkehrplans immer nur durch den Lehrer, der den Rückkehrplan beauftragt hat.

Bei Annahme: Schriftliche Vereinbarung mit dem Lehrer.

Bei Ablehnung: Verbesserung des Rückkehrplans im Trainingsraum.

Bei fehlendem Fortschritt trotz häufiger Vereinbarungen: Durchführung von Beratungsgesprächen mit den Eltern.

Natürlich bleibt es dem Lehrer unbenommen den Schüler zunächst mit seinen üblichen Mitteln anzusprechen und zum Einlenken zu bewegen. Dabei muss aber strikt auf die Zeitdauer geachtet werden, die durch diese normalen Ermahnungen benötigt werden. Falls es erkennbar wird, dass der Schüler nach einer normalen, freundliche Ansprache nicht bereit ist einzulenken, dann soll sehr direkt eine ausdrückliche Ermahnung erfolgen. Der Lehrer kann es sich nicht leisten, allzu häufig davon abzusehen. Rechnerisch muss man aus Gründen der Gerechtigkeit jedem Schüler und jeder Schülerin in der Klasse eine ausdrückliche Ermahnung pro Stunde zubilligen. Dies allein würde zusammen genommen zu einer enormen Zeitdauer führen. Wenn man dann bei einem Schüler mehrere Störungen im Vorfeld erdulden würde, ohne ausdrücklich zu ermahnen, dann müßte man es jedem Schüler und jeder Schülerin zugestehen. Dies würde nicht funktionieren.

Jede Schülerin und jeder Schüler kann pro Stunde nur eine einzige ausdrückliche Ermahnung erhalten. Um eine solche Ermahnung zu vergeben soll der Lehrer ohne Unterbrechung in respektvollem Ton mit deutlicher Stimme sagen: *"Ich ermahne dich ausdrücklich. Möchtest du in den Trainingsraum gehen oder in der Klasse bleiben?"* Es ist wichtig, dass der angesprochene Schüler genau weiß, dass er nun eine **ausdrückliche** Ermahnung erhalten hat, im Unterschied zu einer normalen Ermahnung. Die Schüler reden sich hier gerne auf Verständnisunklarheiten heraus. Daher ist es ganz wichtig, mit der Klasse den Unterschied klar zu besprechen und sich an die festgelegt, immer gleiche Formel zu halten. Einige Lehrer zeigen auch tatsächlich eine gelbe Karte (wie beim Fußball üblich), um keine Missverständnisse zu zulassen. Weiterhin ist es wichtig, dass die Ermahnung zusammen mit der Aufforderung zur Entscheidung gegeben wird. Unterbleibt die Aufforderung zur

Entscheidung, verfällt die Wirkung der ausdrücklichen Ermahnung. Der Lehrer soll dem Schüler etwas Zeit geben, die Entscheidung zu fällen.

Ermahnungsprotokoll

Wenn die ausdrückliche Ermahnung erteilt wurde, muss der Lehrer dies direkt oder zeitnah im **Ermahnungsprotokoll** festhalten. Dazu macht er ein Häkchen in der Spalte "Erm." hinter den Namen des Schülers. Dadurch macht er den Schülern klar, dass er den Überblick behält und genau weiß, welcher Schüler bereits einmal ausdrücklich ermahnt wurde. Das Ermahnungsprotokoll ermöglicht nach interner kollegialer Absprache auch nachfolgenden Lehrern den Überblick über die Stimmung in der Klasse. Das Ermahnungsprotokoll enthält folgende Angaben:

Ermahnungsprotokoll von Lehrer/in:

Formel für die ausdrückliche, respektvolle Ermahnung:

"Ich ermahne dich ausdrücklich! Möchtest du in den Trainingsraum gehen oder in der Klasse bleiben?"

Mit einer ausdrücklichen Ermahnung ist immer die Aufforderung zur Entscheidung verbunden. Bestehen Sie darauf, dass der/die Schüler/in eine eindeutige, unmissverständliche Antwort gibt. Er/sie hat nicht die Möglichkeit beides zu dürfen: in der Klasse zu bleiben und zu stören.

Name	*Klasse*	*Stunde*	*Tag*	*Erm.*	*Plan*	*Nr.*

Die Entscheidung des Schülers: Einlenken oder Nicht-Einlenken

Der Schüler kann nach dem Erhalt einer ausdrücklichen Ermahnung entweder einlenken und von einer weiteren Störung absehen oder nicht einlenken.

1. Für den Fall, dass der Schüler einlenkt, kann der Unterricht weitergehen. Der Schüler weiß, dass er seine ausdrückliche Ermahnung bereits erhalten hat.

2. Für den Fall, dass der Schüler nicht einlenkt, sagt der Lehrer: *"Bitte geh in den Trainingsraum"*.

3. Für den Fall, dass ein Schüler die Mitarbeit bei der Beantwortung der Frage verweigert, gibt der Lehrer die Aufforderung: *"Bitte beantworte meine Frage: Möchtest du in den Trainingsraum gehen oder in der Klasse bleiben?"*

4. In manchen Fällen reagiert der Schüler dann mit einer eindeutigen Antwort aus der hervorgeht, ob er in der Klasse bleiben oder in den Trainingsraum gehen will.

5. In manchen Fällen verweigert der Schüler die eindeutige Beantwortung der Frage und/oder versucht eine Diskussionen zu beginnen. Aus Zeitgründen und um den Unterrichtsfluss zu schützen, kann es im laufenden Unterricht nicht erlaubt sein, mit dem Lehrer über die Erteilung einer ausdrücklichen Ermahnung zu diskutieren. Diese Regel besteht auch in Analogie zu der Regel beim Fußball, die besagt, dass es nicht erlaubt ist, mit dem Schiedsrichter im laufenden Spiel über dessen Entscheidung zu diskutieren. Falls ein Schüler die eindeutige Beantwortung der Frage verweigert und/oder versucht, eine Diskussionen zu beginnen, so wird dies als weiterer Verstoß gegen diese Regel gewertet und es ergeht die Aufforderung: *"Bitte geh in den Trainingsraum"*.

Über die Entscheidung des Lehrers kann nur außerhalb des Unterrichts oder bei gegebenem Anlass zu einer dafür vorgesehenen Unterrichtszeit diskutiert werden. Schüler, die sich ungerecht behandelt fühlen, sollen ihre Argumente sammeln, vorbereiten und möglicherweise auch mit Hilfe des Trainingsraumlehrers und/oder des Klassensprechers in die Klasse einbringen. Dieses Vorgehen ist im Sinne demokratischer Spielregeln viel wünschenswerter als ein Verweigern der Lehrerentscheidung in der konkreten Situation.

6. In manchen Fällen fängt der Schüler nach einem Einlenken wieder an den Unterrichtsfluss zu stören. Dies wertet der Lehrer als erneuten Verstoß gegen die Klassenregeln. Der Schüler muss dann aus der Klasse in den Trainingsraum gehen. Der Lehrer sagt ohne erneute Befragung: *"Du warst bereits ausdrücklich ermahnt und störst erneut. Bitte geh in den Trainingsraum"*.

Die Beantwortung der Frage *"Möchtest du in den Trainingsraum gehen oder in der Klasse bleiben?"* erfordert von dem Schüler ein bewusstes Nachdenken darüber, ob es aus seiner Sicht für ihn besser passt in der Klasse zu bleiben und Störungen im weiteren zu vermeiden oder ob es für ihn besser passt die Klasse zu verlassen. Nach einigen Besuchen im Trainingsraum haben die Schüler die Erfahrung gemacht, dass sie bei der Entscheidung außerdem die Folge berücksichtigen müssen, dass sie dann in einem vorbereiteten Rückkehrgespräch eine Vereinbarung eingehen müssen, die überprüft wird. Weiterhin kann es bedeutsam sein, dass die Schüler im Trainingsraum warten müssen bis sie für die Besprechung des Rückkehrplans an der Reihe sind, wenn dort mehrere Schüler arbeiten.

Es wird manchmal befürchtet, dass ein Schüler, der in den Trainingsraum geschickt wird, Unterricht verpasst, was ungerecht und unzulässig sei. Dem muss entgegnet werden, dass dieser Schüler zwar nicht mehr in der Klasse ist, dass er aber auch als er noch in der Klasse war, nicht mehr am Unterricht teilgenommen hatte und dass er nicht nur selbst nicht aufgepasst hatte, sondern auch andere vom Lernen abgehalten hat. Der Schüler verpasst also im Trainingsraum nicht mehr Unterricht als in der Klasse. Aber er bekommt eine neue Aufgabe, die ihn dazu bringen soll, sein soziales Verhalten zu überdenken. Weiterhin muss er sich selbstständig um die Hausaufgaben kümmern.

Was tun, wenn der Schüler nicht in den Trainingsraum gehen würde?

Im Zusammenhang mit der ausdrücklichen Ermahnung wird bei Fortbildungen regelmäßig die Befürchtung geäußert, dass Schüler nach einer Aufforderung in den Trainingsraum zu gehen, nicht bereit sein würden, dies zu tun. Diese Befürchtung beruht auf der Erfahrung der Lehrer, dass ein Teil der häufig störenden Schüler häufig oder generell nicht bereit sind, überhaupt irgendeine Anweisung des Lehrers zu beachten. Das dies so ist, zeigt in drastischer Weise den Handlungsbedarf. (Stellen sie sich ein Fußballspiel vor, bei dem der Schiedsrichter pfeift und der Spieler reagiert nicht - es würde nicht funktionieren.) Durch die Einführung des Programms werden jedoch im Vergleich zu den Verfahrensweisen zuvor einige wichtige Änderungen festgelegt, die dazu führen, dass jede Lehrerin und jeder Lehrer es in der Praxis schaffen kann, einen Schüler zum Gang in den Trainingsraum zu bewegen.

Erstens wird durch die durchgeführten Vorbereitungen klargemacht, dass das Programm von der Schule insgesamt durchgeführt wird und nicht nur von dem einzelnen Lehrer. Das Programm ist verankert in dem Beschluss der Schulkonferenz. Zweitens wird bei der Einführung in der Klasse erklärt, was in

so einem Fall passieren würde, d.h. jeder Schüler weiß, auf
welche Folgen er sich einlassen würde. Folgendes Verfahren
wird angekündigt. Falls ein Schüler sich weigert nach einer
Aufforderung durch den Lehrer die Klasse zu verlassen, würde
der Lehrer die Aufforderung wenige Male respektvoll wiederholen. Falls dies den Schüler nicht zum Gehen bewegt, holt der
Lehrer einen Lehrer aus einer benachbarten Klasse hinzu. Beide Lehrer wiederholen in respektvoller Weise die Aufforderung
an den Schüler, die Klasse in Richtung Trainingsraum zu verlassen. Falls der Schüler sich dann immer noch weigert, muss
ein Mitglied der Schulleitung oder, falls dort niemand erreichbar sein sollte, ersatzweise ein weiterer Lehrer hinzugezogen
werden. Dann würde die letzte Aufforderung an den Schüler
ergehen, die Klasse freiwillig zu verlassen. Falls der Schüler
dieser Aufforderung immer noch nicht nach kommen würde,
wäre der Schulleiter gezwungen den Konferenzbeschluss
durchzusetzen und den Hausfrieden herzustellen, indem er die
Polizei zur Hilfe ruft. Im Sinne dieses Verfahrens ist es eine
Erleichterung im Vorfeld der Programmeinführung das zustän-
dige Kommissariat für Vorbeugung der Polizei einzuladen und
mit dem Programm vertraut zu machen.

Glücklicherweise ist es in den Jahren der Programmanwen-
dung noch nie so weit gekommen, dass die Polizei zu diesem
Zweck tatsächlich zu Hilfe gerufen werden musste. Die höchste
mir bekannte Eskalationsstufe besteht darin, dass in Einzelfäl-
len ein Kollege der Nachbarklasse zu Hilfe geholt werden musste. Spätestens dann hatte der Schüler sich, auch animiert durch
die Aufforderungen von Mitschülern aus der eigenen Klasse,
dazu durchgerungen in den Trainingsraum zu gehen.

Aus der Sicht des Schülers macht es keinen Sinn, sich mit
einer Weigerung in den Trainingsraum zu gehen einen der-
artigen Ärger ein zu handeln, zumal es im Trainingsraum be-

kanntlicherweise ruhig und fair zugeht. Der Schüler hat einfach keinen Grund, sich der Aufforderung die Klasse zu verlassen, total zu verweigern. Die Kosten ständen nicht in einem nachvollziehbaren Verhältnis zu dem Nutzen. (Es könnte hier eingewendet werden, dass Schüler nicht immer derart rational handeln - die Erfahrung zeigt aber, dass sie es doch tun: es ist bis jetzt noch nicht geschehen, dass Schüler sich im Rahmen des Programms bis zum letzten standhaft geweigert haben, die Klasse verlassen.) Ein zusätzlicher Grund dafür, dass dies so ist, liegt darin, dass durch die Anwendung der pädagogischen Prinzipien und Regeln emotionale Aufschaukelungen in der Klasse vermieden werden und dass die Schüler genau wissen, wer und was sie im Trainingsraum erwartet. Es ist ein üblicher Vorgang, dass ein Schüler aus der Klasse in den Trainingsraum geht - es ist etwas normales und nicht ein Anlass zur Eskalation.

Ein Blick zu den Verhältnissen beim Fußballspiel zeigt, dass es auch dort nicht vorkommt, dass ein Spieler, nachdem er eine rote Karte gesehen hat, das Spielfeld nicht verlässt. In den Fußballspielregeln wäre für diesen Fall ein Abbruch des Spiels und ein Verfahren vor dem Arbeits- bzw. Schiedsgericht vorgesehen. Kein Spieler will, dass das passiert, egal wie ungerecht er die Schiedsrichterentscheidung auch bewerten mag.

Infozettel und Rückkehrplan

Innerhalb des Trainingsraum-Programms werden verschiedene Formblätter benutzt. Der "Infozettel" und der "Rückkehrplan" hängen inhaltlich eng miteinander zusammen. Sie stellen den korrekten Informationsfluss zwischen den beteiligten Personen - Lehrer in der Klasse, störender Schüler und Lehrer im Trainingsraum - sicher.

Sobald ein Lehrer entschieden hat, dass ein Schüler in den Trainingsraum gehen muss, teilt er dies dem Schüler mit und füllt umgehend den Infozettel aus. Diese müssen stets greifbar aufbewahrt werden. Der kursiv dargestellte Text erscheint auf dem Infozettel, der normal dargestellte Text enthält Erläuterungen:

Name des Schülers: *Klasse*:

Ich schicke den Schüler / die Schülerin in den Trainingsraum, weil:
Der Lehrer schreibt hier in Kurzform auf, was er gesehen oder gehört hat. Es sollen keine Vermutungen oder Unterstellungen aufgeschrieben werden, sondern Wahrnehmungen. Die Aussage soll es dem Lehrer im Trainingsraum ermöglichen, den Vorfall nachzuvollziehen. Wenn die Aussage zu pauschal ist, wenn z.B. lediglich aufgeschrieben wird: "hat gestört", dann ist es im Trainingsraum schlecht möglich, den Rückkehrplan zu bearbeiten, weil der konkrete Anknüpfungspunkt fehlt.

Der Schüler hat eine ausdrückliche Ermahnung und die Gelegenheit zum Einlenken erhalten.   *ja* ☐ *nein* ☐

Es ist wichtig, dass der Lehrer selbst sorgfältig darauf achtet, die Form einzuhalten, d.h. er muss dem Schüler eine als solche erkennbare ausdrückliche Ermahnung verbunden mit der Gelegenheit der Entscheidung zum Einlenken gewähren. Dies garantiert dem Schüler eine respektvolle Behandlung und schützt den Lehrer vor dem Vorwurf, dass er unliebsame Schüler willkürlich aus der Klasse herausbefördern will. Der Lehrer wird durch diese Frage immer wieder darauf hingewiesen, dass er diese Sorgfaltspflicht hat.

Der Rückkehrplan wird besprochen.   *ja* ☐ *nein* ☐

Der Auftrag einen Rückkehrplan zu erstellen, bringt den Schüler in die Situation, erstens einen Auftrag zu bekommen und sich

94

zu entscheiden, ob und inwieweit er bereit ist diesen Auftrag anzunehmen und zweitens, sich inhaltlich mit seinem Verhalten und seinen Einstellungen auseinander zu setzen und einen Lösungsvorschlag zu präsentieren, der dann ausgeführt und beurteilt wird. Von dem inneren Prozess der Bereitschaft den Auftrag anzunehmen und den Rückkehrplan zu erstellen wird eine schrittweise Veränderung des Verhaltens erwartet. Daher ist der Rückkehrplan, die Besprechung des Plans und die Beurteilung der dort vorgeschlagenen Lösung ein zentrales pädagogisches Element des Trainingsraumprogramms. Es kann nur in Ausnahmefällen möglich sein, von der Besprechung des Rückkehrplans abzusehen, z.B. dann, wenn ein Schüler nur ausnahmsweise gestört hat oder vor einer Klassenarbeit. Wenn der Lehrer "nein" ankreuzt, dann wird der Rückkehrplan im Trainingsraum erstellt und geprüft, eine Besprechung und Prüfung durch den Lehrer, der geschickt hatte, unterbleibt.

Diese Frage hat auch den Sinn, den Lehrer immer wieder auf die Wichtigkeit der Planbesprechung hinzuweisen. Wenn die Schüler bemerken, dass ein Lehrer die Schüler zwar in den Trainingsraum schickt, die dort erarbeiteten Vorschläge aber nicht bespricht und prüft, dann fühlen sich die Schüler nicht ernst genommen. Sie fangen dann schon im Trainingsraum an, die Aufgabe als unwichtig abzutun mit dem Argument, der Lehrer werde den Plan so wie so nicht prüfen. Die Erfahrung zeigt, erst wenn der Lehrer die Beauftragung, Besprechung und Prüfung des Rückkehrplans ernst nimmt, dann tut der Schüler dies auch.

Das Trainingsraum-Programm kann zu einem "Rausschickprogramm" degradiert werden, wenn diese Verfahrensweisen nicht sorgfältig eingehalten werden. Daher ist es von allgemeinem Interesse sichtbar zu machen, ob ein Leh- rer die Möglichkeit zum Einlenken gibt und an einer Besprechung des Rückkehrplans interessiert ist. Wenn Lehrer bei diesen beiden Fragen nichts oder häufig "nein" ankreuzen, dann muss ein kollegiales Gespräch die Problematik klären. Letztlich müsste die Schulleitung klären.

Lehrer/in, Datum, Stunde, Zeit

Der Schüler geht nun mit dem Infozettel in den Trainingsraum. Der Lehrer in der Klasse vermerkt dies im Ermahnungsprotokoll durch Eintrag des Buchstaben "P" in der Spalte Plan,
um zu kennzeichnen, dass er von diesem Schüler einen Rückkehrplan erwartet. Vor der nächsten Stunde kann er sich durch
einen Blick in das Ermahnungsprotokoll darüber orientieren,
von welchem Schüler er einen Rückkehrplan zu erwarten hat.
Die Schüler müssen wissen, dass der Lehrer den Rückkehrplan
nicht vergessen wird. Sollte ein Schüler, der einen Rückkehrplan vorweisen muss, versuchen ohne Plan in die Klasse zu-
rückzukehren, dann muss der Lehrer dies bemerken und den
Schüler auffordern, in den Trainingsraum zu gehen und den
Plan fertigzustellen.

Der Schüler gibt den Infozettel dem Trainingsraumlehrer,
damit der bei der Besprechung des Rückkehrplans weiß, weshalb der Schüler gekommen ist. Es wäre ungünstig sich nur auf
den mündlichen Bericht des Schülers zu verlassen, da dieser
den Situationsbericht leicht zu seinen Gunsten verändern würde. Dann wäre der Lehrer im Trainingsraum immer in der misslichen Lage, dass er nicht wüßte, ob der Schüler ihn anmogelt
oder nicht. Daher ist es notwendig, eine kurze Darstellung aus
der Hand des Kollegen zu bekommen. Neuinformierte Lehrer
äußern manchmal den Vorbehalt, dass das Ausfüllen des Zettels an sich eine neue Störung ist und zu mehr Unruhe in der
Klasse führen kann. Dies lässt sich aus der Praxis im wesentlichen nicht berichten. Das Ausfüllen des Zettels erfordert nicht
viel Zeit, übt sich schnell ein und wird bald zur Routine.

Gelegentlich werden Ankreuzverfahren für die häufigsten
Störgründe gefordert. Dies würde sicher Zeit sparen, allerdings
wäre die Aussage als Anknüpfungspunkt für die Weiterarbeit
im Trainingsraum zu pauschal und der Schüler würde sich
nicht persönlich angesprochen fühlen.

96

Auf dem Infozettel wird vom Lehrer in der Klasse die Uhrzeit vermerkt. Anhand des Vermerks zur Uhrzeit lässt sich im Trainingsraum mit einem Blick auf die Uhr leicht feststellen, wie lange der Schüler für den Weg von der Klasse zum Trainingsraum gebraucht hat. Falls die Zeitspanne ungewöhnlich lang erscheint, soll der Schüler auch zu diesem Problem in seinem Rückkehrplan Stellung beziehen. (Einige Lehrer fragen an dieser Stelle, ob es zulässig ist, den Schüler alleine zum Trainingsraum gehen zu lassen. Die Antwort lautet ja, es ist zulässig, da ein klarer und in seinem zeitlich und räumlichen Ablauf klar definierter Arbeitsauftrag besteht - ähnlich wie beim Kreideholen.)

Der Schüler nimmt sich ein im Trainingsraum ausliegendes Formular für den Rückkehrplan und geht damit zu einem freien Platz im Trainingsraum. Nötigenfalls weist der Lehrer einen ungestörten Platz zu. Der Schüler beginnt dann, wenn er sich für die Rückkehr in die Klasse entschieden hat, mit der Bearbeitung des Rückkehrplans. Er hat auch die Möglichkeit, den Rückkehrplan nicht sofort zu bearbeiten, sondern so lange zu warten, bis er es möchte. Die allermeisten Schüler (99,9%) wollen den Plan sofort oder nach sehr kurzer Zeit (sofort bis einige Minuten) bearbeiten. Es ist allerdings denkbar und sinnvoll, dass ein Schüler erst einige Zeit benötigt, um sich zu sammeln. Falls der Schüler länger als eine Stunde benötigt, den Rückkehrplan zu beginnen, sollte ein Gespräch darüber geführt werden.

Der Rückkehrplan wird aufgrund folgender Ideen bearbeitet: der Schüler hat deutlich gemacht, dass er nicht bereit war, sich in der Klasse an die sozialen Spielregeln zu halten. Die Einhaltung der Regeln ist aber notwendig dafür, dass in der Klasse ein funktionierender Unterricht stattfinden kann. Der Schüler sollte im besten Fall einsehen, dass die Regeln für alle gelten, also auch für ihn.

Erfahrungsgemäß besteht folgendes Problem: die Schüler, die die Notwendigkeit der Regeln einsehen, halten sich von sich aus an die Regeln oder sind meistens bereit in der Klasse nach einem Regelverstoß aufgrund der Ermahnung des Lehrers einzulenken. In den Trainingsraum werden gerade die Schüler häufig geschickt, die es nicht einsehen wollen, dass sie sich an die Regeln halten müssen. D.h. die Schüler im Trainingsraum sind zumeist uneinsichtig. Ihnen fehlt die Einsicht, dass Grenzsetzungen nötig, sinnvoll und hilfreich sind. Die gemeinsame Aufgabe der Lehrer in den Klassen und im Trainingsraum besteht nun darin, ihnen diese Einsicht zu vermitteln. Die Erstellung des Rückkehrplans ist ein wichtiger Schritt innerhalb dieses Prozesses.

Bei der Vermittlung der Einsicht Grenzen einhalten zu müssen ist es nötig zu beachten, was grundsätzlich immer gilt, wenn es um Einsichten geht: Einsicht kann nicht erzwungen werden. Einsichtnahme ist ein innerer kognitiver Prozess, der vom Individuum selbst gesteuert wird. Bestimmte emotionale und soziale Voraussetzungen fördern jedoch die Bereitschaft zur Einsicht.

Um derlei günstige Voraussetzungen zu schaffen, muss sichergestellt werden, dass der Schüler wahrnimmt, dass die Lehrer ihn nicht erniedrigen wollen und sich nicht rächen wollen, sondern dafür sorgen müssen, dass erstens die anderen Schüler in der Klasse nicht gestört werden, zweitens die Störungen auch zum Vorteil des störenden Schülers nicht immer wieder vorkommen und drittens die Lehrer selbst nicht zu sehr entnervt werden. Diese Vorgabe gilt für alle beteiligten Lehrer, insbesondere für den Lehrer, der den Schüler in den Trainingsraum geschickt hat und für den Lehrer, der im Trainingsraum arbeitet. Falls der Schüler aus der Haltung und den Äußerungen des Lehrers entnimmt, dass dieser ihn maßregeln und erniedrigen will, dann wird es für den Schüler besonders wichtig sein, sich dagegen zu wehren. Er ist dann nicht offen für neue Einsichten. Es passiert dann auch leicht, dass der bestrafte Schüler unterstellt, dass der Lehrer ihn persönlich ablehnt und deshalb bestraft. Ein angemessenes Vertrauensverhältnis zwischen Lehrer und Schüler ist so nicht mehr gewährleistet. Die Idee, den Schüler zu maßregeln, führt nicht zu dem gewünschten Ziel, bei dem Schüler eine Offenheit für neue Einsichten zu erreichen.

Die Lehrer sollen die Haltung vertreten, dass es die beste Hilfe für den Schüler ist, wenn man ihm aufzeigt, welche kurz- und weitreichenden Folgen sein Verhalten für ihn und die anderen Schüler und die Lehrer immer wieder haben wird, wenn er es nicht selbstständig ändert. Der Schüler soll sich überlegen, ob er diese Folgen bedacht hat und ob er einverstanden ist, wenn diese Folgen eintreten.

Nochmals: die Schüler sollen nicht mit der Absicht in den Trainingsraum geschickt werden, dass ihnen dort etwas schlimmes passiert. (Dies bedeutet nicht, dass die häufig störenden Schüler sich subjektiv anfänglich durchaus bestraft fühlen, da ihnen ihre Vorrechte entzogen werden). Sie sollen vom Lehrer mit der Absicht in den Trainingsraum geschickt werden, dass sie sich dort auf das Rückkehrgespräch und die Rückkehrvereinbarung vorbereiten. Diese Vereinbarung wird immer zwischen dem Lehrer, der den Schüler in den Trainingsraum geschickt hat und dem störenden Schüler getroffen. Der Sinn dieser Vereinbarung besteht ganz allgemein darin, dass die Prinzipien Disziplin, Verantwortlichkeit, Vertrauen und Reintegration mit Leben gefüllt werden.

Der Lehrer ist bereit, den Schüler wieder in die Klasse zulassen, wenn der Schüler bereit ist, die Klassenregeln anzuerkennen. Damit der Lehrer eine möglichst genaue Grundlage für seine Entscheidung hat, den Schüler wieder zurückzulassen, benötigt er vom Schüler Informationen über dessen Einsicht und Bereitschaft sich an die Regeln halten zu müssen. Der Lehrer will wissen, ob der Schüler eine konkrete Idee hat, wie er das vorausgehende Problem im Sinne der Klassenregeln demnächst lösen oder vermeiden kann. Die Aufgabe an den Schüler, über das Problem nachzudenken und es zu lösen, ähnelt dem Vorgehen, welches Steve Biddulph mit den Methoden "Stillstehen und nachdenken" und "Das Problem lösen" in dem Elternratgeber "Weitere Geheimnisse glücklicher Kinder" beschrieben hat. Grundsätzlich gilt, dass man neuen Ideen zuerst immer mit Vertrauen begegnen sollte und dann, nachdem einige ähnliche misslungene Pläne vorliegen, darauf beharren sollte, dass durchdachte Zusagen auch tatsächlich eingehalten werden. Das anfängliche Vertrauen schwindet in so einem Fall und dem Schüler wird dieser Vertrauensverlust direkt rückgemeldet. Es ergibt sich dann, dass man nicht mehr über den konkreten Vorfall redet, sondern über das zugrundeliegende Prinzip und die Einstellung des Schülers. Der Schüler muss dann verstärkt beweisen, dass er seine Versprechungen ernst meint. Es ist wichtig in der Vereinbarung einen Zeitrahmen festzulegen, der der Leistungsfähigkeit des Schülers angemessen ist. Ein Erfolg muss für den Schüler erreichbar sein, wenn er selbst guten Willens ist. Dann kann der Schüler bei der nächsten Zusage den Zeitrahmen allmählich steigern.

Der kursiv dargestellte Text erscheint auf dem Rückkehrplan, der normal dargestellte Text enthält Erläuterungen:

Name, Klasse, Datum, Zeit
Weshalb musstest du in den Trainingsraum gehen?

Hier kann der Schüler seine Sicht über den Vorfall darstellen. Dabei kommt es zunächst häufig vor, dass der Schüler die Verursachung nicht bei sich, sondern bei anderen Schülern oder dem Lehrer sieht.

Was hast du dabei gemacht?

Hier soll der Schüler aufschreiben, welchen Anteil er selbst an dem Geschehen hatte. Diese Angabe wird mit der Angabe auf dem Infozettel verglichen. Der Schüler wird bei der Planbesprechung im Trainingsraum gegebenenfalls aufgefordert, zu dem was der Lehrer berichtet hatte, direkt Stellung zu nehmen. Der Schüler soll im weiteren für seinen eigenen Anteil an dem Geschehen Verantwortung übernehmen.

Wie häufig warst du in den letzten 2 Wochen insgesamt im Trainingsraum?

Diese Frage soll eine Unterscheidung ermöglichen zwischen Schülern, die häufig in den Trainingsraum kommen und Schülern, die weniger häufig kommen. Die zeitliche Marke wird hier auf 2 Wochen festgesetzt. Der Programmbeirat der Schule kann eine andere Grenze festsetzen, falls dies aus Sicht der einzelnen Schule sinnvoller erscheint. Häufig kommende Schüler müssen sich zunächst mit der Entwicklung ihrer vorhergehenden Pläne beschäftigen.

bei mehr als 2 mal: bitte benenne deine letzten 2 Vorschläge und finde heraus, wo Unterschiedlichkeiten und Gleichheiten waren. (Benutze dazu die Rückseite).

Die Schüler sollen selbst feststellen, ob ihre beiden letzten Pläne gleich oder unterschiedlich waren. Dies ist nötig als Grundlage für ein Gespräch über die Verbesserung der Pläne. Es soll vermieden werden, dass eine Idee, die offensichtlich nicht oder nicht vollständig richtig war, immer weiter verfolgt wird. Dann wäre es Zeit für eine Alternative oder eine umfassendere Lösung.

Bist du bereit dich in der Klasse an die Regeln zu halten?

ja ☐ nein ☐

Diese Frage ist die Einstiegsfrage für die Entwicklung einer Lösung. Es wird damit die generelle Bereitschaft des Schülers erfragt, sich an die Regeln zu halten. Falls die Antwort "nein" sein sollte, muss der Schüler seine Antwort auf der Rückseite schriftlich begründen. Das weitere Vorgehen sollte von der Begründung abhängig gemacht werden. Möglicherweise muss dann ein Gespräch oder ein Elterngespräch geführt werden. Ein Schüler, der angibt, dass er nicht bereit ist, sich in der Klasse an die Regeln zu halten, kann zunächst nicht in die Klasse gelassen werden, da weitere Störungen dort mit Sicherheit zu erwarten sind. Näheres dazu soll der Programmbeirat nach Diskussion festlegen.

Falls die Antwort "ja" ist, soll die Bereitschaft in den nächsten Fragen weiter konkretisiert werden.

Kannst du dich in der Klasse so verhalten, dass du nicht mehr in den Trainingsraum geschickt werden brauchst?

ja ☐ nein ☐

Falls die Antwort "nein" sein sollte, muss der Schüler seine Antwort auf der Rückseite schriftlich begründen. Die Begründung kann Anlass für inhaltliche Gespräche und Verhandlungen sein. Plausible Begründungen des Schülers sollen ernst genommen werden.

Wie willst du uns zeigen, dass du nicht mehr in den Trainingsraum geschickt werden willst?

Hier wird der Schüler aufgefordert, seine Lösung vorzustellen. Dies kann zunächst auch eine pauschale, wenig konkrete Idee sein, wie z.B.: "ich störe nicht mehr" oder "ich mache besser mit". In der nächsten Frage wird jedoch eine sehr genaue, anschauliche

Lösung erwartet.

Was willst du machen, wenn so ein Problem wie heute noch einmal auftritt?

Der Schüler soll bezogen auf die konkrete Situation nicht nur sagen, was er nicht mehr machen möchte, sondern vor allem, was er denn dann anstelle des wegfallenden Verhaltens zeigen möchte. Er soll eine Lösung ausarbeiten, die nötigenfalls Auswirkungen auf andere Personen und Bereiche mit umfasst. So kann es z.B. sein, dass ein Schüler vorschlägt sich in den Stunden des betreffenden Lehrers nicht mehr von seinem Freund ablenken zu lassen und dass er dazu mit dem Freund vor dem Unterricht eine Vereinbarung treffen will.

Erinnerungskarte Nr.:

Die letzten beiden Fragen erscheinen auch auf der Erinnerungskarte, die der Schüler bei sich behält. Die Antworten werden vom Schüler dort eingetragen, damit er sich jederzeit vergegenwärtigen kann, welche Lösung er vorgeschlagen hatte. Die Karten werden numeriert, damit sie dem entsprechenden Rückkehrplan zugeordnet werden können. Bei Bedarf kann dem Schüler aufgegeben werden, dass die Eltern die Erinnerungskarte abzeichnen. Dies ist eine Möglichkeit, die Eltern über den Vorfall und den Vorschlag des Schülers zu informieren.

Kürzel TRL:

Die Angabe ermöglicht dem Lehrer, der den Schüler geschickt hatte, eine direkte Erkennung des Trainingsraumlehrers (TRL), der den Vorgang betreut hat. Dies ist wichtig, wenn Rückfragen auftreten.

Zeit:

Die Zeit soll eingetragen werden, damit ersichtlich ist, wieviele Minuten der Schüler für den Weg vom Trainingsraum zur Klasse benötigt hat.

Veränderungen/Ergänzungen des Vorschlags im Gespräch mit dem Lehrer:

Der Lehrer kann hier Veränderungen und Ergänzungen eintragen, die den Plan wirkungsvoller und realistischer erscheinen lassen. Allzu hochtrabende Pläne sollten an einen realistischen Erwartungshorizont angepasst werden, damit ein Scheitern nicht unabdingbar ist. Falls keine Ergänzungen erforderlich sind, kann dieses Feld abgehakt oder mit "s.o." (siehe oben) gekennzeichnet werden.

Vereinbarung muss im Trainingsraum überdacht werden ☐

Falls der Lehrer mit der Idee des Schülers nicht einverstanden ist, soll er den Schüler beauftragen, den Plan im Trainingsraum noch einmal zu verbessern. Um die Weiterarbeit im Trainingsraum zu ermöglichen, soll er den Grund seiner Ablehnung angeben.

Unterschrift Schüler/in   *Lehrer/in*   *Datum*

Schüler und Lehrer bekräftigen durch ihre Unterschrift die Bedeutung und Verbindlichkeit der Vereinbarung.

Die Regeln im Trainingsraum

Die Regeln für den Trainingsraum werden allen Schülern bei der Einführung des Programms erläutert. Außerdem ist es sinnvoll, dass die Klasse den Trainingsraum besichtigt. Die wichtigsten Regeln werden dort für alle sichtbar ausgehängt. Diese Regeln lauten:

- Sitz an deinem Tisch, sei ruhig und störe nicht die anderen!
- Du musst einen Plan ausarbeiten, bevor du in den Klassenraum zurückkehren kannst!
- Für die Besprechung des Plans musst du warten, bis du aufgerufen wirst!
- Wer im Trainingsraum stört, wird nur einmal ermahnt!

Zur Ausarbeitung der Rückkehrpläne müssen die Schüler die Gelegenheit haben, ungestört und in Ruhe nachdenken zu können. Daher ist es erforderlich, dass im Trainingsraum immer eine ruhige Arbeitsatmosphäre herrscht, vergleichbar mit der Atmosphäre in einer Bibliothek. Außerdem sollen die Schüler zeigen, dass sie grundsätzlich in der Lage sind, sich ruhig zu verhalten und andere nicht bei der Arbeit zu stören. Es ist den Schülern im Trainingsraum nicht gestattet, sich mit anderen Schülern zu unterhalten, Geräusche zu machen, herumzugehen, Walkman zu hören oder Comics/Zeitschriften zu lesen. Sie dürfen nur ihren Rückkehrplan bearbeiten oder leise warten.

Der Schüler kann erst dann wieder in den Unterricht des Lehrers, die ihn in den Trainingsraum geschickt hat, zurückkehren, wenn ein Rückkehrplan vorliegt, der vom Lehrer im Trainingsraum akzeptiert worden ist. Sollte der Lehrer im Trainingsraum bemerken, dass der Rückkehrplan lückenhaft oder unsinnig bearbeitet wurde, dann muss der Schüler den Plan im Trainingsraum überarbeiten.

Der Lehrer im Trainingsraum erkennt anhand der Reihenfolge der Ablage der Infozettel, in welcher Reihenfolge die Schüler in den Trainingsraum eingetreten sind. In dieser Reihenfolge ruft der Lehrer die Schüler auf, mit der Frage, ob sie ihren Rückkehrplan besprechen wollen. Der Lehrer geht im Trainingsraum im wesentlichen nicht auf Zwischenfragen ein. Jeder Schüler muss dort warten, bis er an der Reihe ist.

Es kann vorkommen, dass ein Schüler mit der Planerstellung nicht innerhalb einer Stunde fertig wird. In diesem Fall wird der angefangene Rückkehrplan am Ende der Stunde im Trainingsraum abgelegt und der Schüler geht in den Unterricht des nun unterrichtenden Kollegen, für den er keinen Plan zu erstellen hat. Wenn er wieder Unterricht hat bei dem Kollegen, der ihn in den Trainingsraum geschickt hat, dann geht der Schüler zu Beginn der Stunde nicht in den Unterricht, sondern in den Trainingsraum, um dort seinen Plan fertigzustellen. Wenn er dann den Plan erstellt hat, geht er mit dem fertigen Plan in den Unterricht. Die Besprechung des Rückkehrplans erfolgt immer zwischen dem Lehrer, der den Plan in Auftrag gegeben hat, und dem Schüler. Ein anderer Lehrer kann diese Besprechung nicht durchführen, da dieser ja gar nicht wüßte, was passiert war. Dieses Prinzip wird auch in den Fällen durchgehalten, wenn ein Lehrer oder eine Lehrerin eine Klasse nur selten unterrichtet. Von solchen Rückkehrplänen ist zwar vergleichsweise wenig Zuwachs in der Einsichtsfähigkeit des Schülers zu erwarten, aber es ist wichtig, dass auch ein Lehrer, der nur selten in einer Klasse unterrichtet, eine angemessene Möglichkeit hat, die Klasse vor Unterrichtsstörungen zu bewahren.

Im Trainingsraum gilt die Regel, dass ein störender Schüler nur einmal an die Ruhepflicht erinnert wird. Er soll sich nach einer ausdrücklichen Ermahnung entscheiden, ob er sich für die restliche Zeit im Trainingsraum ruhig verhält, oder ob er nach Hause gehen möchte. Sein Name wird an die Tafel geschrieben, damit sichergestellt wird, dass Lehrer und Schüler genau wissen, dass die einmalige Ermahnung bereits vergeben wurde. Wenn ein Schüler, nachdem sein Name an die Tafel

ingsraum verlassen. Er wird vom Trainingsraumlehrer zum
Büro der Schulleitung begleitet. Dort werden die Eltern wenn
möglich telefonisch informiert. Der Schüler bekommt ein An-
schreiben an die Eltern, in dem den Eltern ein Terminvorschlag
für ein Beratungsgespräch angeboten wird. Der Schüler muss
auf dem schnellsten Weg nach Hause gehen. Er muss dann am
nächsten Schultag zusammen mit einem Elternteil zu einem
klärenden Gespräch in die Schule kommen. Der Schüler darf
das Schulgelände (auch in Pausen) nicht eher betreten, bis
dieses Gespräch stattgefunden hat.

Um direkt mit den Eltern Kontakt aufnehmen zu können ist
es nötig bei der Einführung des Programms die privaten und
beruflichen Telefonnummern (Festnetz und Handy) beider
Eltern einzusammeln. Sollten keine telefonischen Absprachen
getroffen werden können, muss dies schnellst möglich auf
anderem Wege erreicht werden. Falls die Eltern nicht erreichbar sind und/oder nicht zu dem Gespräch erscheinen, soll umgehend eine Klassenkonferenz abgehalten werden, um über die
Notwendigkeit des Ausschlusses nachträglich zu entscheiden.
Der Kontakt zu den Eltern muss so zeitnah wie möglich aufgebaut werden. Möglicherweise müssen die Eltern auch zu Hause
aufgesucht werden, um die Sache zu besprechen.

Es kann in besonderen Fällen auch erforderlich sein, den
Schüler nicht sofort alleine nach Hause zu schicken. Wenn die
Schulleitung diese Entscheidung nicht treffen möchte, dann
muss der Schüler so lange beaufsichtigt werden, bis er gehen
kann. Er darf aber nicht im Trainingsraum bleiben und nicht in
seiner Klasse.

Die Tatsache, dass ein Schüler, der im Trainingsraum ist, den
Unterricht in der Klasse durch eigenes Mitverschulden ver-
säumt, verpflichtet den Schüler, den versäumten Unterrichts-
stoff selbstständig nachzuholen. Weiterhin muss er, wie alle

anderen Schüler, die Hausaufgaben erledigen. Die dazu notwendigen Informationen und Materialien muss er sich selbstständig vom Lehrer und/oder den Mitschülern besorgen.

Es ist verblüffend zu erleben, dass die Schüler, die sich sonst in der Klasse kaum beherrschen können, dies im Trainingsraum vergleichsweise sehr viel besser können. Sie schaffen dies, weil sie ein wichtiges Ziel vor Augen haben. Sie wollen ein klärendes Gespräch zwischen Eltern und Lehrer vermeiden. Sie wollen nicht, dass Eltern und Lehrer Vereinbarungen treffen, die aus der Sicht des Schülers nur dazu führen, dass Freiräume reglementiert werden. Um dies zu vermeiden, sind die Schüler in den allermeisten Fällen bereit, sich bis zum Ende der Stunde an die vergleichsweise engen Grenzen im Trainingsraum zu halten.

Die Rückkehr in die Klasse

Bei der Rückkehr in die Klasse darf der Schüler nicht erneut stören. Macht er dies trotzdem, braucht der Rückkehrplan nicht erst gelesen werden. Es kann dann davon ausgegangen werden, dass der Schüler seinen Plan nicht ernst genommen hat. Der Lehrer vermerkt den Grund für die Rückkehr in den Trainingsraum auf der Rückseite des Rückkehrplans und fordert den Schüler auf, direkt wieder in den Trainingsraum zu gehen.

Im Regelfall geht der Schüler ohne Störung in die Klasse und setzt sich leise an seinen Platz. Dort ist er dann solange auf Probe in der Klasse, bis der Lehrer in der Klasse die Zeit findet, den Plan zu besprechen. Dies kann durchaus eine halbe Stunde dauern oder erst am Ende der Stunde oder am Anfang der folgenden Stunde sein. Wenn der Schüler in der Probezeit den Unterricht erneut stört, muss er ohne ausdrückliche Ermahnung wieder in den Trainingsraum gehen und seinen Plan überarbeiten.

Die Besprechung des Rückkehrplans und die Vereinbarung

Der Lehrer muss sich überlegen, wann er die Zeit erübrigen kann, um den Rückkehrplan eines Schülers zu besprechen. Er benötigt je nach Routine und Fall zwei bis drei Minuten. Die Besprechung wird dadurch erleichtert, dass der Lehrer es in der Hauptsache mit einer kleinen, gleichbleibenden Gruppe von Schülern zu tun hat. Daher kennt er die Verläufe der Pläne und der tatsächlichen Verhaltensweisen der Schüler. Er kann und soll sich auch vor jeder Stunde durch einen Blick in sein Ermahnungsprotokoll auf die zu erwartenden Rückkehrpläne der folgenden Stunde vorbereiten. Er muss auch immer wissen, welchen Schüler er am Beginn einer Stunde zum Trainingsraum schicken müsste, wenn dieser es versuchen sollte, ohne einen im Trainingsraum besprochenen Rückkehrplan in seinen Unterricht zu kommen.

Eine weitere Erleichterung der Planbesprechungen besteht darin, dass diese Gespräche in einer vergleichsweise angenehmen, sachlichen und konstruktiven Atmosphäre verlaufen. Der Schüler ist darauf vorbereitet, dass der Lehrer den Rückkehrplan annehmen oder ablehnen kann. Da der Schüler in den meisten Fällen das Ziel verfolgt, in die Klasse zurück zu kommen, wird er sich darum bemühen, dem Lehrer einen Grund zu geben, den Plan anzunehmen. Das bedeutet, der Schüler wird in den meisten Fällen schon durch die freundliche Art seines Verhaltens versuchen, dem Lehrer zu zeigen, dass er bereit und in der Lage ist, die sozialen Spielregeln in der Klasse einzuhalten.

Das Gespräch kann in der Klasse durchgeführt werden, während die anderen Schüler eine Aufgabe erledigen, die es zulässt, dass der Lehrer den Rückkehrplan mit dem Rückkehrer besprechen kann. Das Gespräch kann mit der Würdigung des

Verhaltens des Schülers in der verstrichenen Probezeit begonnen werden, in der der Schüler schon erfolgreich gezeigt hat, dass er nicht gestört hat.

Der Schüler vereinbart mit dem Lehrer als Zeichen der Einsicht ein erkennbares Verhalten. Der Lehrer muss die Möglichkeit erhalten, an den Verhaltensweisen des Schülers feststellen zu können, ob der Schüler verstanden hat, dass er sich an die Regeln halten muss und dass er bereit ist, dies zu tun. Die Vereinbarung wird im Rückkehrplan schriftlich festgehalten. Die Vereinbarung ist ein unverzichtbares Element innerhalb des Trainingsraum-Programms, sie schafft die Vertrauensbasis in der Zusammenarbeit zwischen den störenden Schülern und dem Lehrer. Entfällt diese Vereinbarung, so wird das Programm, wie bereits gesagt, zu einem 'Rausschick'-Programm degradiert, da die Rückkehrpläne sehr bald jegliche Wirkung verlieren. Dies bemerken zuerst die Lehrer im Trainingsraum, weil die Schüler dort kundtun, dass bestimmte Kollegen keine eigene Prüfung der Rückkehrpläne durchführen und jeden Plan mehr oder weniger unbesehen akzeptieren. Sollten sich solche Hinweise häufen, muss dem in einem kollegialen Gespräch nachgegangen werden. Der Programmbeirat soll gegebenenfalls eine akzeptable Verfahrensweise dazu entwickeln.

Wenn ein Lehrer einen Rückkehrplan für nicht ausreichend oder nicht zutreffend hält, dann vermerkt er dies auf der Rückseite Plans und der Schüler muss umgehend zurück in den Trainingsraum gehen und muss den Plan dort noch einmal verbessern. Wenn der Lehrer den Plan akzeptiert, dann kann der Schüler wieder normal in der Klasse am Unterricht teilnehmen. Natürlich muss er sich an den Inhalt der Vereinbarung halten, sonst wird er wieder aufgefordert in den Trainingsraum zu gehen, um den Plan zu verbessern.

Ein Rückkehrplan wird immer zweimal geprüft. Zuerst prüft der Lehrer im Trainingsraum, ob der Plan vollständig und sinnvoll ist. Da der Lehrer im Trainingsraum kein direkter Zeuge des betreffenden Vorfalls war, kann er bestimmte Aspekte nicht prüfen und beurteilen. Durch die Vorprüfung im Trainingsraum wird aber sichergestellt, dass im Plan alle Fragen sinnvoll beantwortet werden. Die zweite, wichtigere Prüfung erfolgt durch den Lehrer, der den Rückkehrplan in Auftrag gegeben hat. Diese Prüfung baut auf die Prüfung im Trainingsraum auf und braucht deshalb nicht mehr auf alle Aspekte einzugehen. Es bleibt allein die Bewertung der inhaltlichen Ideen als Antwort auf die letzten beiden Fragen des Plans.

Alle Maßnahmen im Vorfeld dienen dem Zweck einen Rahmen zu erzeugen, in dem der Schüler eine eigene, vernünftige Idee zum Sozialverhalten in der Klasse präsentiert. Der nächste pädagogische Schritt besteht darin, die Einhaltung dieser Idee des Schülers zu überprüfen und rückzumelden.

Der Lehrer soll die Rückkehrpläne der letzten drei Wochen einer Klasse in einer Mappe bei sich führen. Er kann dann schnell nachschauen und vergleichen, welche Ideen der Schüler bereits vorgestellt hatte und ob oder wie lange diese Ideen erfolgreich waren. Der Schüler bemerkt dann, dass er sich nicht mehr mit bloßen Ausreden durchmogeln kann, da das Mogeln auffällt. Durch die Verschriftlichung der Ideen wird eine Art Gedächtnis eingeführt, welches viele Diskussionen um das, was in der Vergangenheit gesagt wurde, entbehrlich macht.

Der Schüler nimmt die Überprüfung des Rückkehrplans (erst) dann ernst, wenn er weiß, dass der Plan auch abgelehnt werden kann. Der Lehrer soll einen Plan dann ablehnen, wenn er nicht den Kriterien entspricht, die im Lehrerplan vereinbart wurden.

Durchführung von Beratungsgesprächen

Die Erfahrung zeigt, dass einige Schülerinnen und Schüler häufig in den Trainingsraum geschickt werden. Wenn sich zeigt, dass die Pläne dieser Schüler/innen nicht inhaltlich besser werden und dass keine Verbesserung der Einsichten in Problemzusammenhänge erfolgt, dann soll ein Beratungsgespräch durchgeführt werden. An diesem Gespräch können je nach Lage des Falls verschiedene Personen teilnehmen, z.B. der betreffende Schüler, die Eltern, der Klassenlehrer, ein Lehrer aus dem Trainingsraum, die Schulleitung und gegebenenfalls. der Schulsozialarbeiter.

In einem solchen Gespräch geht es darum, die bisherigen Pläne und deren Scheitern zu analysieren, ein wichtiges persönliches Ziel des Schülers oder der Schülerin herauszustellen und zu überlegen, wie dieses Ziel innerhalb der Regeln der Klasse erreicht werden kann. Häufig kommt es in einem solchen Gespräch zu der Aufstellung einer persönlichen Prioritätenliste des Schülers und zu Überlegungen, welche der Ziele sich gegenseitig behindern oder wo möglicherweise Überschneidungen entstehen können. Letztlich wird angestrebt, eine überprüfbare Vereinbarung zwischen dem Schüler bzw. der Schülerin, den Lehrern und den Eltern zu treffen.

Aufgrund der schriftlichen Aufzeichnungen kann den Eltern Einblick in die Entwicklung bzw. fehlende Entwicklung der Rückkehrpläne gegeben werden. Anhand der Aufzeichnungen lässt sich auch der häufig gehörte Einwand von Eltern prüfen, ob es an Unfähigkeit oder Böswilligkeit nur eines gewissen Lehrers liegt, dass das Kind so häufig in den Trainingsraum gehen musste. Wenn die Eltern in der Handschrift des eigenen Sohnes bzw. der eigenen Tochter lesen, was diese/r sich immer wieder vorgenommen hat, dann aber doch wieder getan hat und wenn diese Berichte von verschiedenen Lehrerinnen und Lehrern unterschrieben wurden, dann erkennen die Eltern, dass der Grund für die häufigen Besuche im Trainingsraum nicht in der Willkür eines unfähigen Lehrers liegt. Häufig wird dann die anfängliche Abwehrhaltung mit dem Tenor "Mein Sohn tut das nicht" aufgegeben und nicht wenige Eltern gestehen ein, dass sie auch zu Hause erhebliche Schwierigkeiten mit verläßlichen Absprachen haben. Es ist dann wichtig, dass Lehrer und Eltern sich auf ein gemeinsames Ziel verständigen, welches darauf gerichtet sein sollte, dass der Schüler es lernt, sich in der Klasse an die Regeln zu halten. Die Lehrer sollten es unbedingt vermeiden, Schuldvorwürfe für mangelhaftes Erziehungsverhalten zu erteilen. Es ist sinnvoller die Ziele des Trainingsraum-Programms darzulegen und zu erläutern, dass der Lehrer die Pflicht hat, die Klasse zu schützen. Der Lehrer soll den Eltern mitteilen, welchen Spielraum er für das Kind sieht und wo die Grenzen sind.

Während des Gesprächs muss auf eine sachliche und konstruktive Atmosphäre geachtet werden. Die Eltern sollen erfahren, dass weitgehend alle Lehrer der Meinung sind, dass die Schüler es lernen müssen, Grenzen einzuhalten und dass es in der Klasse die Aufgabe der Lehrer ist, dies einzufordern. Werben Sie bei den Eltern für diese Idee und bitten Sie um die Unterstützung der Eltern.

Sehr viele Eltern teilen diese Idee und sind von sich aus bereit, dem Sohn bzw. der Tochter Grenzen zu setzen. Für die Eltern ist es wichtig zu wissen, dass es in der Klasse fair zu geht. Erläutern Sie daher mit geeigneten Beispielen aus dem Klassenalltag, dass für alle Schüler die gleichen Rechte und Pflichten bestehen.

Im Gespräch mit den Eltern, die nicht der Meinung sind, dass für ihr Kind Grenzen erforderlich sind, sollte man sich erläutern lassen, welcher andere Weg in der Klasse möglich sein könnte. Dann muss man die Praktikabilität der Ideen beurteilen. Die drei Regeln (jeder Schüler hat ein Recht ungestört zu lernen, jeder Lehrer hat ein Recht ungestört zu unterrichten und jeder muss die Rechte der anderen respektieren) können dabei nicht verändert werden.

Es ist sinnvoll konkrete Absprachen zu treffen, die durch ein Mitteilungsheft überprüft werden. In vielen Fällen ist es außerdem sehr nützlich, Angebote außerschulischer **Kooperationspartner** (z.B. im Bereich von Sportvereinen, der Erlebnispädagogik und Maßnahmen nach §28-29 KJHG) ausfindig zu machen und eine Teilnahme des Schülers zu ermöglichen. Dazu ist es nötig, bestehende Kontakte zu den vorhandenen Kooperationspartner zu nutzen und neue Kontakte im Umfeld der Schule zu knüpfen. Laden Sie die Institutionenvertreter dazu in die Schule ein und präsentieren Sie das Trainingsraum-Programm.

Wenn sich in einem oder mehreren Beratungsgesprächen zeigt, dass Eltern ganz fehlen oder dass sie zu erziehungsschwach sind, um wesentliche Absprachen einzuhalten, dann sollten oder müssen Institutionen der Jugendhilfe benachrichtigt werden. Die Träger der öffentlichen Jugendhilfe sind nach § 81 KJHG verpflichtet, mit der Schule zusammenzuarbeiten. Auch hier empfiehlt es sich, Vertreter des Jugendamtes in die Schule einzuladen und die Ideen des Trainingsraum-Programms vorzustellen und dafür zu werben.

114

3.4 Überprüfung

Die Überprüfung der Programmdurchführung ist wesentlicher Bestandteil des Programms. Die Hauptziele bestehen darin, mehr störungsfreien Unterricht und ein entspannteres Unterrichten zu ermöglichen, eine Verbesserung des Klassenklimas zu erreichen und das Verantwortungsgefühl störender Schüler zu fördern. Es muss Möglichkeiten geben, Abweichungen von der Zielerreichung auf den verschiedenen Ebenen wahrzunehmen und es muss Möglichkeiten geben, diese Abweichungen auszugleichen. Diese Leitidee soll in den Schulen in erster Linie durch den sogenannten Programmbeirat umgesetzt werden.

Evaluation durch den Programmbeirat

Es ist nötig in der Schule ein Beirat für das Trainingsraum-Programm zu bilden. In diesem Beirat sollen Lehrer, Trainingsraumlehrer und Schulleitung vertreten sein. Er tagt regelmäßig und/oder nach Bedarf. Der Beirat ist offen für neu-interessierte Lehrer. Er erstellt Beschlussvorlagen für die Lehrerkonferenz und stellt sicher, dass möglichst alle Lehrer der Schule das Trainingsraum-Programm sinngemäß anwenden und dass das Trainingsraum-Programm als wesentliche, gemeinsame Grundlage der pädagogischen Arbeit des Kollegiums verstanden wird.

Der Programmbeirat hat dafür folgende Aufgaben wahrzunehmen. Es soll überprüft werden, ob die unter 3.1 und 3.2 dargestellten Prinzipien des Programms durch die unter 3.3 dargestellten Schritte der praktische Durchführung erreicht werden. Dazu kann prinzipiell jede mögliche Zuordnung eines Prinzips mit einer konkreten Vorgehensweise untersucht werden. Daraus ergeben sich eine Vielzahl von Fragen der

Form: führt es zu A (ein Prinzip), wenn man B (die konkrete Durchführung) macht? Zum Beispiel ließe sich fragen: "Führt es zu mehr Gerechtigkeit in der Klasse, wenn ein störender Schüler in den Trainingsraum gehen muss?" oder "Führt es zu mehr Vertrauen in der Klasse, wenn ein störender Schüler eine Rückkehrvereinbarung treffen muss?" Solche Fragen können natürlich auch in der Klasse als Unterrichtsinhalt thematisiert werden.

Außerdem soll durch den Programmbeirat geprüft werden, ob sich die erwünschten Erfolge in den Bereichen Schutz der Schüler vor häufigen Unterrichtsstörungen, Entlastung der Lehrer und Verbesserung der Klassenatmosphäre feststellen lassen. Dazu können Stimmungsbilder im Kollegium und geplante Befragungen dienen. Ein Fragebogen zu diesem Thema umfasst folgende Fragen:

Klassenlehrer/in   *ja* ☐   *nein* ☐

Wie oft wenden Sie selbst das Programm an ?

meistens ☐   *manchmal* ☐ *selten* ☐   *nie* ☐

Was passiert in der Klasse, wenn Sie eine/n Schüler/in in den Trainingsraum geschickt haben?

Es kommt zu einer Beruhigung in der Klasse.

meistens ☐   *manchmal* ☐ *selten* ☐   *nie* ☐

Es kommt zu noch mehr Unruhe.

meistens ☐   *manchmal* ☐ *selten* ☐   *nie* ☐

Führt die Anwendung des Programms bei Ihnen zu einer Verbesserung der Unterrichtsatmosphäre?

meistens ☐   *manchmal* ☐ *selten* ☐   *nie* ☐

Führt die Anwendung des Programms dazu, dass sie gelassener unterrichten können ?

meistens ☐   manchmal ☐ selten ☐   nie ☐

Führt die Anwendung des Programms dazu, dass häufig störende Schüler/innen ihr Verhalten verbessert haben?

bei einigen meistens ☐ manchmal ☐   selten ☐ nie ☐

Sind Sie selbst einverstanden mit den Ideen und der Durchführung des Programms ?

Mit den Ideen

ja ☐   überwiegend ja ☐   überwiegend nein ☐ nein ☐

Mit der Durchführung

ja ☐   überwiegend ja ☐   überwiegend nein ☐   nein ☐

Falls sich Probleme bei der Durchführung des Programms feststellen lassen, sollen Verbesserungen erarbeitet werden. Kritiker sollen zu konstruktiver Kritik ermutigt werden. Bei der Prüfung einzelner Schritte kann nach folgendem Kriterium entschieden werden:

- *Für die Analyse vorhergehender Verfahrensweisen:*
  Führte das, was man gemacht hat, zu dem, was man erreichen wollte?
- *Für die Auswahl zukünftiger Verfahrensweisen:*
  Aus welchem Grund soll das, was man machen möchte, zu dem führen, was man erreichen will.

Es wird in den Beiratssitzungen immer wieder nötig sein, sich das gemeinsam zu erreichende Ziel zu vergegenwärtigen, die Vor- und Nachteile möglicher Lösungswege gegeneinander abzuwägen, abzustimmen, den Effekt der Maßnahme zu beobachten und zu prüfen, ob und inwiefern die Maßnahme zu dem gewünschten Ziel geführt hat.

Im folgenden wird beispielhaft die Vorgeschichte und das Ergebnis einer längeren Diskussion eines Programmbeirats dargestellt.

Häufige Rückkehrpläne

Nach einer Zeit der Programmdurchführung zeigt sich, dass eine gewisse Gruppe von Schülern immer wieder in den Trainingsraum kommen. Häufig haben die Lehrer den Eindruck, dass diese Schüler eigentlich ganz genau wissen, welche Erwartungen von seiten der Lehrer bestehen (z.b. dass Zusagen verbindlich sein müssen, damit Vertrauen entstehen kann). Und es besteht der Eindruck, dass man die Schüler mit der Aufgabe, über ihre Einstellung und ihr Verhalten nachzudenken und daraufhin eine Vereinbarung mit dem Lehrer einzuhalten, nicht wirklich erreicht. Diese Schüler machen deutlich, dass sie die Situation durchschauen, dass sie aber nicht bereit sind, sich den Anforderungen zu stellen. Sie verweigern sich. Sie ironisieren die Pflichten und versuchen den Lehrern die Sinnlosigkeit der Anforderungen vorzuführen. Diese Versuche überzeugt zwar nicht wirklich, da diese Schüler keine konstruktiven Alternativen zu den Spielregeln in der Klasse nennen können, sie schaffen es aber durchaus, die Stimmung bei den Lehrern zu trüben. In solch einer Situation wird dann die Frage diskutiert, welchen Sinn es machen soll, wenn einige Schüler immer die gleichen Pläne schreiben. Es kann sogar vorkommen, dass Schüler, die häufiger in den Trainingsraum kommen, offensiv gelangweilt fragen: "Was soll ich heute in den Plan schreiben?" oder "Was will der Lehrer hören, damit er mich wieder in die Klasse lässt?" Eine richtige Antwort des

Lehrers im Trainingsraum lautet: "Du sollst aufschreiben, was zu dir passt und nicht was du denkst, was der Lehrer hören will."

Schüler, die mogeln wollen, werden es tun. Sie werden Pläne schreiben, die sie nicht ernst meinen und in die sie nur Sachen schreiben, von denen sie meinen, dass die Lehrer damit zufrieden sind und dass sie damit wieder in die Klasse hereinkommen dürfen, ohne dass sie sich ernsthaft eine Besserung überlegt haben. Eine ernsthafte Auseinandersetzung des Schülers mit dem Problem der Gruppenfähigkeit lässt sich im Trainingsraum nicht erzwingen, auch nicht durch die Vorgabe der Planerstellungen. Diese Schüler werden mit oder ohne Pflicht zur Planerstellung versuchen, sich bei allen möglichen Pflichten durchzumogeln.

Welchen Sinn macht es dennoch, wenn Schüler immer wieder Pläne schreiben müssen, obwohl sie sich nicht ernsthaft auf die Klassenregeln einlassen wollen? Der Sinn besteht darin, den Schüler mit den Auswirkungen seines Verhaltens direkt zu konfrontieren. Der Schüler (und nicht der Lehrer) hat das Problem, wenn der Schüler seinen Rückkehrplan nicht ernst nimmt. Eine Konsequenz der Verweigerung ist, dass der Schüler wieder in den Trainingsraum zurückkommt. Bei den Gesprächen über die Rückkehrpläne ergeben sich dann Gespräche über die Motive der Störungen. Diese müssen berücksichtigt werden, wenn es um die Lösung der Frage nach dem Minimalkonsens geht: "Wir müssen hier zusammen sein und lernen miteinander auszukommen".

3.5 Das Verfahren: Intensivkurs Verantwortung

Das Verfahren "Intensivkurs Verantwortung" ist eine gute Möglichkeit, sinnvoll mit den Schülern umzugehen, die immer wieder nicht bereit sind, sich an ihre eigenen Pläne zu halten. Dieses Verfahren geht über die Erstellung eines Rückkehrplans hinaus und bedarf einiger Absprachen unter den beteiligten Lehrern. Es hat sich gezeigt, dass es hiermit gelingt einen Teil der ansonsten "planresistenten" Schüler zu erreichen und zum Einlenken zu bewegen.

Zur Vorbereitung muss zunächst durch den Programmbeirat festgelegt werden, bei welcher Anzahl von Besuchen im Trainingsraum innerhalb einer bestimmten Zeit ein Schüler in den Intensivkurs kommt. Dies wird dem Schüler vorher angekündigt. Er hat dann bei Überschreiten der Grenze ein oder zwei Schultage vollständig im Trainingsraum und nicht in der Klasse zu verbringen. Er muss dann Arbeitsblätter zum versäumten Unterricht bearbeiten. Der Schüler soll dann auf einer Liste eintragen, in welcher Reihenfolge der Fächer er wieder am Unterricht teilnehmen möchte. Zwei Hauptfächer sollten zuerst genannt werden. Der Schüler geht dann zunächst für eine festgelegte Zeit, z.B. zwei Stunden, nur in den Unterricht, den er auf Platz eins gesetzt hat. Nach jeder Stunde lässt er sich von dem Lehrer in der Klasse bescheinigen, dass er sich regelgerecht verhalten hat. Die übrigen Schulstunden des Schultages verbringt er im Trainingsraum und bearbeitet dort weiter Arbeitsblätter des Unterrichts, den er gerade verpasst. Wenn er die festgelegte Zeit im ersten Fach erfolgreich bewältigt hat, kann er in den Unterricht, den er auf Platz zwei gesetzt hat. Auch dort muss er sich wieder die regelgerechte Teilnahme am Ende der Stunde vom Lehrer bescheinigen lassen und dies im Trainingsraum vorzeigen. Auf diese Weise muss der Schüler sich die Rückkehr in jedes einzelne Fach erarbeiten. Wenn er erneut stört, kommt er entweder nicht in den nächsten Unterricht oder er wird auch aus dem schon erreichten Unterricht wieder herausgenommen. Die ganze Maßnahme soll von Gesprächen begleitet werden und nicht länger als zwei Wochen dauern.

4. DIE ERGEBNISSE UND ERFAHRUNGEN

Die Wirksamkeit des Trainingsraum-Programms muss daran gemessen werden, ob es die Ziele, die es erreichen will, tatsächlich erreicht. Um dies festzustellen, wurden Lehrer in verschiedenen Untersuchungen mit Fragebögen befragt und ausführlich interviewt. Weiterhin steht das Ergebnis einer Umfrage unter Fernsehzuschauern einer Sendung zum Trainingsraum-Programm zur Verfügung. Die Ergebnisse einer dieser Befragungen sind im Internet unter *www.trainingsraum.de* zu finden.

Insgesamt lässt sich sagen, dass der Aufwand der Einführung und der Einarbeitung von den Lehrern als angemessen und gerechtfertigt empfunden wird. Die Lehrer berichten über eine Vielzahl von wichtigen positiven Ergebnissen für das Sozialverhalten in der Klasse und von der Möglichkeit besser unterrichten zu können. Diese Verbesserungen werden direkt auf die Durchführung des Programms bezogen. Weiterhin werden durch die Durchführung des Programms keine neuen Probleme erzeugt. Auch die Grenzen des Trainingsraum-Programms werden deutlich erkannt. Eine Gruppe von Schülern lässt sich durch die auferlegten Pflichten nicht zu Einsicht und Besserung bringen und es wird immer einige wenige Lehrer geben, die die Ideen des Programms für sich nicht nachvollziehen können. Die Einstellungen dieser Schüler auf der einen Seite und der Lehrer auf der anderen Seite hatten aber auch schon vor der Durchführung des Trainingsraum-Programms Bestand. Der Unterschied besteht darin, dass man ihnen nicht mehr so wie vorher das Feld überlässt.

Die Arbeit mit dem Trainingsraum-Programm ist ein andauernder Prozess. Die Erwartungen an das eigene Sozialverhalten, das der Kollegen, der Schüler und Eltern steigen, da neue Handlungsmöglichkeiten eine Sensibilisierung gegenüber unsozialem Verhalten erlauben. Trotz, oder gerade wegen der hohen Strukturiertheit des Vorgehens zeigt sich, dass die normale,

gute persönliche Beziehung zwischen den Beteiligten nach wie
vor die Grundlage für eine funktionierende Schule bildet.

Ideen und Durchführung des Trainingsraum-Programms
werden als richtig und machbar empfunden. Daher ergibt sich
bei den Lehrern eine innere Bereitschaft, Verantwortung für
das Programm zu übernehmen.

Bewertung der Durchführung des Trainingsraum-Programms

Positive Auswirkungen:

Kollegium übernimmt in dem grundlegenden pädagogischen
Thema "Sozialverhalten fördern" aktiv und planvoll die Verantwortung.

Klare gedankliche Vorbereitung der Lehrer.

Rückhalt für jeden Lehrer durch Entscheid der Schulkonferenz.

Klare, pädagogisch begründete Regeln in der Klasse.

Ritualisiertes Vorgehen gibt Sicherheit.

Möglichkeit in respektvoller Weise Störungen im Unterricht ef-
fektiv zu begrenzen.

Mehr störungsfreier Unterricht
(hauptsächlich angestrebtes Ziel).

Entspannteres Unterrichten (hauptsächlich angestrebtes Ziel).

Verbesserung des Klassenklimas
(hauptsächlich angestrebtes Ziel).

Autoritätsgewinn für den Lehrer.

Sinnvolle Aufgabenstellung an den störenden Schüler.

Verantwortungsgefühl des störenden Schülers wird gefördert
(hauptsächlich angestrebtes Ziel).

Schriftliche Aufzeichnungen verhindern Unklarheiten - man
sieht was gesagt wurde. Leere Versprechungen werden offensichtlich.

Ernsthaftigkeit und Engagement wird eingefordert und beachtet.

Aufzeichnungen als Grundlage für Elterngespräche.

Schnellere Bearbeitung von Problemfällen.

Zielgerichtete Inanspruchnahme von außerschulischen Hilfen.

Aufwand:
Besetzung des Trainingsraums erfordert Stunden.
Ein Raum muss bereitgestellt werden.
Materialien müssen bereitgestellt werden.
Das Team der Trainingsraumlehrer muss sich finden.
Die Lehrer müssen als Grundlage dieses Buch lesen.
Eine SchiLF sollte durchgeführt werden.
Der Lehrer muss den Rückkehrplan des Schülers würdigen.
Fortlaufende Arbeit des Programm-Beirats.
Verankerung im Schulprogramm.

Probleme, die nicht gelöst werden:
Einige Schüler verändern Einstellungen und störendes Verhalten nicht.
Einige Lehrer und Eltern verändern ihre unrespektvollen Einstellungen nicht.

---

5. DIE MATERIALIEN

Für die Vorbereitung, Durchführung und Begleitung des Programms sind folgende Arbeitsblätter erforderlich:

Die Ideen des Trainingsraum-Programms
Die Durchführung des Trainingsraum-Programms
Lehrerplan
Ein Musterbrief für die Elterninformation
Informationen über das Trainingsraum-Programm für Schüler
Ermahnungsprotokoll
Information an den Trainingsraum (Infozettel)
Rückkehrplan
Die Regeln im Trainingsraum
Intensivkurs Verantwortung

Kontrollbogen über Zielerreichung
Fragebogen zum Trainingsraum-Programm

Diese Materialien und weitere Arbeitsblätter, sowie eine Übersicht über den Ablauf des Programms können können als Ko-
piervorlagen bestellt werden bei: *www.trainingsraum.de* unter
dem Link Materialien. Auch die Erinnerungskarten sind dort
bestellbar.

Eine sachgemäße Durchführung des Programms erfordert insbesondere:

1. Teilnahme an einer qualifizierten Fortbildung.
2. Diskussion der Ideen und Abstimmung im Kollegium.
3. Aufnahme des Trainingsraum-Programms in das Schulprogramm.
4. Erstellung der Lehrerpläne, Diskussion im Kollegium,
   Bekanntgabe in den Klassen und in der Elternpflegschaft.
5. Regelmäßige Besprechung der Rückkehrpläne und das
   Treffen von Vereinbarungen mit dem Schüler.
6. Fortlaufende Arbeit des Programmbeirats.

6. ZUSAMMENFASSUNG UND AUSBLICK

Die Grundannahme des Trainingsraum-Programms besteht
darin, dass menschliches Verhalten zielstrebig ist; bestehende
Hindernisse auf dem Weg zum Ziel werden erkannt und, wenn
möglich, ausgeglichen. Disziplinschwierige Schüler sollen
durch eine Reihe von abgestimmten Maßnahmen dazu ge-
bracht werden, ihre Einstellungen zu den Mitschülern und
Lehrern zu überdenken und zu verändern und sich dann ent-

sprechend ihrer veränderten Einstellung auch dauerhaft sozial erwünscht zu verhalten. Welche Maßnahmen sind nötig?

Zunächst werden ihnen pädagogisch sinnvolle Hindernisse in den (uns störenden) Weg gelegt. Dies geschieht, indem die Lehrer die Einhaltung der Regeln einfordern und mit gegenseitiger Hilfe durchsetzen. Die störenden Schüler werden eine zeitlang versuchen diese Hindernisse auszugleichen, um ihren Kurs beizubehalten. Wenn sie dann erkennen, dass die Lehrer auf dieses Ausgleichsmanöver vorbereitet sind und standhalten, werden sie sich entscheiden, welches Ziel ihnen wichtiger ist - in der Klasse permanent dagegen zu sein, oder (mehr oder weniger) mitzumachen. Einige werden ihr Verhalten in der Klasse andauernd zu stören aufgeben, da es nun zu hohe unerwünschte Nebenwirkungen mit sich bringt: stillsitzen, warten, beim Wort genommen werden, kontrolliert werden, keine Bühne und keinen Erfolg mehr zu haben, usw.

Wenn die Schüler bereit sind über neue Wege nachzudenken, da ihnen die alten Wege zu unbequem, mühsam und erfolglos geworden sind, dann ist der richtige Zeitpunkt gekommen, ihnen den Sinn anderer Handlungsweisen zu verdeutlichen. Ein Hauptziel des Trainingsraum-Programms besteht darin, den Schülern zu vermitteln, dass sie Verantwortung für ihre Entscheidungen, Verhaltensweisen und die absehbaren Folgen übernehmen müssen. Welche Aspekte sollten dabei berücksichtigt werden?

Verantwortung = Verbindung mit einem Ziel

Verantwortung zu übernehmen bedeutet sich darum zu kümmern, dass ein Ziel erreicht wird. Man verbindet sich mit einem Ziel. Subjektiv wird dies dadurch erlebt, dass man den

Wunsch verspürt (freudig getönt, oder auch in Form eines inneren Drucks), ein bestimmtes Ziel zu erreichen.

Damit es dazu kommt, müssen verschiedene Bedingungen erfüllt sein:

- Das Ziel muss bekannt und beschrieben sein (*was man will bzw. soll*).

- Das Ziel muss einem akzeptierten höheren Ziel dienen, z. B. Chancenwahrung, Gerechtigkeit oder Sicherheit (*warum man es will bzw. soll*). Dies ist wichtig, da isolierte Ziele spontan als unsinnig erkannt und nicht unterstützt werden.

- Ein Ziel erreichen zu wollen bedeutet mitunter auch, diszipliniert handeln zu müssen und Pflichten in Kauf zu nehmen, die nicht mit Spaß verbunden sind.

- Ein Ziel zu erreichen setzt auch voraus, die nötigen Kenntnisse und Fertigkeiten zu besitzen.

- Der Aufbau dieser Kenntnisse ist stets mit Anstrengungen verbunden, die man dann woanders nicht einsetzen kann. Daher ist immer auch eine Prioritätenregelung erforderlich. Man kann nicht zuviele Ziele gleichzeitig erreichen. **Das regelmäßig und langfristig Wichtige geht vor, nicht das Dringende, aber unwichtige.**

Diese Elemente der Verantwortungsübernahme - Beschreibung des Ziels, Sinn, Disziplin, Kenntnisse, Anstrengung, Priorität - müssen behandelt werden.

Wenn Lehrer Schülern die Übernahme von Verantwortung vermitteln möchten, bedeutet dies auch, dass sie selbst Verantwortung übernehmen in dem sie sich mit dem Ziel verbinden, dass die Schüler nach einer gewissen Lernzeit tatsächlich Verantwortung für die Erreichung eines festgelegten Ziels übernehmen. Man darf allerdings nicht der Illusion verfallen, dass es möglich wäre die Ziele einer anderen Person zu bestimmen, man kann nur einen geeigneten Rahmen herstellen und versuchen, den anderen zu überzeugen.

Aus der Sicht des Lehrers ergibt sich der eigene Wunsch folgendes Ziel zu erreichen: es ist meine Aufgabe, soweit dies überhaupt geht, dafür zu sorgen, dass der Schüler selbst Verantwortung übernimmt, d.h. dass der Schüler den Wunsch verspürt, ein Ziel zu erreichen. Dies führt den Lehrer zu der Absicht: "Ich achte darauf, dass du anfängst, von dir aus auf die in Frage stehende Sache / Angelegenheit aufzupassen."

Als Ausgleich für die Mühen und Einschränkungen, die Verantwortungsübernahme oftmals mit sich bringt, ergibt sich sowohl für den Lehrer als auch für den Schüler Anerkennung, Status und Sicherheit in der Klasse und bei den Lehrern bzw. Kollegen. Daher lohnt es sich Verantwortung zu übernehmen, wenn man von den (Mit-)Schülern und Lehrern bzw. Kollegen ernstgenommen und anerkannt werden möchte.

Ausblick

Mit Hilfe des Trainingsraum-Programms kann es gelingen einen tragfähigen Rahmen für das Sozialverhalten der Schüler zu entwickeln und mehr Austausch im Kollegium zu pflegen. Dies soll auch den Zugang zu offenen und fachübergreifenden Arbeitsformen erleichtern. Wenn sich das Thema "Disziplinprobleme" nicht immer in den Vordergrund schiebt, können inhaltliche Fragen wieder ausreichend vertieft und neue Anregungen umgesetzt werden. Der Markt der Möglichkeiten ist

128

groß, jede Bildungsmesse zeigt eine Vielzahl von interessanten Ideen. Das eigentliche Bewertungskriterium für die Frage, inwieweit das Trainingsraum-Programm funktioniert, besteht in der Frage, ob es der Schule dazu verhilft, gehaltvolle inhaltliche Projekte besser zu verwirklichen.

Literatur

Balke, S. (1998). Eigenverantwortliches Denken in der Schule. Disziplinprogramm und Konfliktbewältigung. *Neue Deutsche Schule, 4, 15-17.*

Balke, S. u. Hogenkamp, A. (2000). Drei Regeln reichen aus. Soziales Verhalten kann traininert werden. *Friedrich Jahresheft 2000: Üben und Wiederholen.* Hrsg.: Meier, R., Rampillon, U., Sandfuchs, U. & Stäudel, L., Friedrich Verlag, Seelze.

Breidenstein, W. (1997). Versorgungsempfänger des öffentlichen Dienstes am 1. Januar 1995. *Wirtschaft und Statistik, 1, 38-44.*

Biddulph, S. (1998). Weitere Geheimnisse glücklicher Kinder. Heyne Verlag, München.

Bildungskommission NRW. (1995). *Zukunft der Bildung - Schule der Zukunft.* Neuwied: Luchterhand.

Csikszentmihaly, M. (1999). Das flow-Erlebnis. Jenseits von Angst und Langeweile: im Tun aufgehen. Klett-Cotta, Stuttgart.

"Da muß etwas passieren" - Wie krank sind Deutschlands Staatsdiener? (1997). *Der Spiegel, 3, 24-27.*

Evaluationskommission zur Begutachtung der Lehrerfortbildung in NW. (1997). Abschlussbericht der Evaluationskommission, zitiert in *Neue Deutsche Schule, 1, 4.*

Ewert, O. M. & Henneberger, A. (1995). Der unaufmerksame Schüler. *Zeitschrift für Entwicklungspsychologie und Pädagogische Psychologie, 27,* 313-322.

Ford, E. E. (1994). Discipline for Home and School. Scottsdale, AZ, Brandt Publishing.

Freud, S. (1930/1953). Das Unbehagen in der Kultur. Fischer, Frankfurt a.m.

Goleman, D. (1997). Emotionale Intelligenz. dtv, München.

Hecker, R. (1994). Lärmbelastung in der Schule. *Zeitschrift für Arbeitswissenschaft, 48*, 90-98.

James, W. (1890) The Principles of Psychology.

Kanders, M. (1996). Schule und Bildung in der öffentlichen Meinung, Institut für Schulentwicklungsforschung, Uni Dortmund.

Krumm, V. (1996). Empirische Untersuchungen über Gewalt in der Schule - eine methodenkritische Übersicht. *Unveröffentlichtes Manuskript.* Salzburg: Universität Salzburg, Institut für Erziehungswissenschaften.

Macht Schule Lehrer krank? Dokumentation. (1993). *Bildung Konkret, 6/7, 8-14.*

Marken, R. S. (2001). Looking at Behavior through Control Theory Glasses. *Review of General Psychology, 2002, Vol. 6, No. 3*, 260-270.

Neumann, O. (1992). Theorien der Aufmerksamkeit: von Metaphern zu Mechanismen. *Psychologische Rundschau, 43*, 83-101.

Powers, W. T. (1997). Making Sense of Behavior. New Canaan, CT, Benchmark Publications.

Spenlen, K. (1999). Schlüsselqualifikationen I - Aufgaben und Ziele; Schlüsselqualifikationen II - Grundlagen und Ansätze. *SchulVerwaltung NRW, 4, 111-113* und *5, 144-148.*

Todt, E. & Busch, L. (1996). "Schule ohne Gewalt" im Lahn-Dillkreis. *Unveröffentlichtes Manuskript.* Gießen: Justus-Liebig-Universität Gießen, Fachbereich Psychologie.

Die website zum Trainingsraum-Programm ist im Internet unter der Adresse **http://www.trainingsraum.de** zu finden.